1

Diktatur des Kapitals

Joachim Tritschler

Herstellung und Verlag: BoD – Books on Demand, Norderstedt
ISBN-: 9783749486663

Joachim Tritschler

kontakt@joachim-tritschler.de

http://www.joachim-tritschler.de

Bibliografische Information der Deutschen Nationalbibliothek:
Die Deutsche Nationalbibliothek verzeichnet diese Publikation in der Deutschen Nationalbibliografie; detaillierte bibliografische Daten sind im Internet über
http://dnb.dnb.de abrufbar.

Diktatur des Kapitals

Joachim Tritschler

Books on Demand
Norderstedt

1. Inhaltsverzeichnis

Mutti sagt, wir schaffen das.

Ein ausgebildeter Politiker?

Und wie sehen das die Bürger.

Der Niedergang des Sozialstaats

Die ewig Gestrigen

Die Demokratie ist in Gefahr.

Der Moloch aus Brüssel

Wahltaktische Manöver

Das Glyphosat-Ministerium

Glaubwürdigkeit. Wo bist du?

Befangenheit. Unterschiedlich betrachtet.

Profitgedanken und Gleichheit vor dem
   Gesetz

Die Gesellschaft in der Neuzeit

Wahlkampfgeplänkel, Wählbarkeit, qualifiziertes Handeln.

Abschieben, zurückholen, straffrei bleiben
und uns kulturell anpassen.
   Soziale Kälte, Arroganz und
Skrupellosigkeit.

Vorwort

Seit Gründung der Bundesrepublik hat unser Land mit seinen Bürgerinnen und Bürgern zahlreiche Veränderungen durchgemacht. Anfangs war es wichtig das Land auf der einen Seite wieder aufzubauen und andererseits außenpolitisch aktiv zu werden, um mit ehemaligen Erzfeinden politisch stabile Beziehungen zu schaffen.

Das Buch beschreibt die Leistung der Trümmerfrauen, das Wirtschaftswunder, und die rasante Entwicklung des Landes genauso wie die gesellschaftlichen Veränderungen. Es gab da Zeiten, wo man jedes Haus unverschlossen verlassen konnte, ohne dass irgendetwas geklaut worden wäre.
Aber auch die Politiker waren andere als heute. Es war Ihnen wichtig, wie es den Leuten ging, und Sie suchten den realen Kontakt zum Bürger um zu

erfahren, wo Sorgen und Nöte am größten waren.

Irgendwann kehrte sich das dann um und das Land wurde zu einem Selbstbedienungsladen für Politiker und ihre persönlichen Interessen. Und das bis heute.

Es wird geschrieben aus der Sicht eines Bürgers und Wählers, der heute zu nichts anderem mehr da ist, um Steuern zu bezahlen und bei Wahlen den Politiker, der nur noch an sich denkt, in seinem Amt zu halten.

Gründung der Bundesrepublik

Im Jahr 1949 mit der Gründung unserer Bundesrepublik sollte alles besser werden. Demokratische Verhältnisse, langfristig Wohlstand aber in erster Linie der Wiederaufbau des Landes und gesicherter Frieden mit allen Nachbarländern und anderen Staaten sollte das Ziel sein.

Natürlich lag das Land nach dem letzten Krieg komplett in Trümmern, viele Männer, die von dort nicht mehr zurückgekehrt sind, fehlten, aber die Arbeit musste dennoch getan werden. Und das war in dieser Zeit die Arbeit der Trümmerfrauen, die Steine klopften, um aus Schutt Baumaterial zu gewinnen. Aus heutiger Sicht unvorstellbar, aber wie wir es selbst aus Omas Erzählungen erfahren haben, hat es sich wohl genau so ereignet.

Die ganze Verantwortung lastete auf Ihnen. Anfang der fünfziger Jahre als noch immer überlebende Männer aus Kriegsgefangenschaft zurückkehrten, lag das Land am Boden.

Wichtig war der Zusammenhalt in jeder Form unter den Menschen im Land, aber auch die Politiker des jungen Staates hatten einen schweren Stand. Einerseits war es wichtig, dem Land innenpolitisch Stabilität zu geben, und mit allen möglichen Mitteln und Ideen der Wirtschaft langsam auf die Beine zu helfen. Andererseits war auch die außenpolitische Lage schwierig, da auf der Seite ehemaliger Kriegsgegner aus beinahe aller Nachbarländern gesundes Misstrauen uns gegenüber vorhanden war. In einem Land, das in jeder Weise am Boden lag, war Zusammenhalt und Kreativität gefragt. Das, was sich damals zu entwickeln begann, hat uns in späteren Jahren zum Exportwelt-meister gemacht. Innenpolitisch merkte man den Zusammenhalt der Menschen auch daran, dass jeder dem anderen geholfen hat. Das war auch die Zeit, in der eigene Haus oder Wohnungstüren unverschlossen bleiben konnten.

Angst vor Einbrechern musste man nicht haben. Die Nachbarn hatten immer ein wachsames Auge. Der sich in späteren Jahren ausbreitende Egoismus war zu dieser Zeit nicht vorhanden. Alle waren aufeinander angewiesen und Hilfsbereitschaft war selbstverständlich. Dieses Bewusstsein war tief in den Köpfen verankert. Das war auch schon bei den Kindern sichtbar. Es wurde jede helfende Hand gebraucht. Die junge heranwachsende Generation wurde durch die Umstände gezwungen, schon früh auf eigenen Beinen zu stehen.

Verhätscheln war nicht sinnvoll, weil die Kinder sehr früh selbstständiges und eigenverantwortliches Handeln erlernen mussten. Besonders bei anstehenden gesellschaftlichen oder sportlichen Großereignissen war der Zusammenhalt in der Bevölkerung sehr deutlich und gut sichtbar.

Die Fußball Weltmeisterschaft im Jahr 1954 stand vor der Tür, und ein in den Kinderschuhen steckendes Land, das in Teilen immer noch am Boden lag, freute sich gemeinsam. Nicht alle Familien hatten ein Radio um auf dem Laufenden zu bleiben. Das war ja wichtig, denn man wollte schließlich wissen, was in unserem Land so geschieht. Und gerade im Jahr 1954 zur Fussballweltmeisterschaft wurde der Zusammenhalt sehr deutlich. Meist gab es in kleinen Ortschaften nur einen Fernseher und der stand dann in der einzigen Gastwirtschaft. Und so bildeten sich schnell gesellschaftliche Mittelpunkte bei Veranstaltungen wie den Fussballspielen. Hier konnten die Leute das wenige, was Sie besessen haben auch noch miteinander teilen. Den Standard von heute, dass vor jedem Haus mindestens ein Auto steht, war in der damaligen Zeit ein reiner Wunschtraum.

Aber Not machte ja bekanntlich immer erfinderisch. Und diese Eigenschaft wurde hier bei uns auch genutzt. Die wirtschaftliche Entwicklung war aber lange nicht die, wie Sie hätte sein können. Das Land und seine Bürger sind hierbei sehr schnell an die Grenzen des wirklich machbaren gestoßen. Durch die verlorenen Männer während des letzten Krieges fehlte es an zupackenden Händen. Also mussten Arbeitskräfte auf andere Weise beschafft werden, um wirtschaftlichen Erfolg einzuleiten.

Der große Aufschwung

Und so begann bei uns der Wandel. Bald kamen die ersten Gastarbeiter aus verschiedenen Ländern und unterschiedlichen Kulturen, so dass wir relativ früh eine multikulturelle Nation wurden.

Viele wollten sich nur über einen begrenzten Zeitraum hier bei uns niederlassen, jedoch ist ein sehr großer Teil von Ihnen für immer in Deutschland geblieben. Diese und ihre folgenden Generationen sind mittlerweile hier bei uns fest verwurzelt und integriert. Sprachliche Barrieren gab es bald keine mehr und das Wirtschaftswunder eines vor kurzem noch zerstörten Landes nahm seinen Lauf. Sehr schnell hatten alle ein eigenes Radio und wenige Jahre später besaßen die meisten Familien auch einen Fernseher. Bis das aber soweit war, sollte es noch etwas dauern. Der erste Urlaub war auch schon mit dem Flugzeug möglich, auch wenn dies in jener Zeit nur den wesentlich besser Verdienenden möglich war. Die Leute hatten Geschmack am Aufschwung gefunden und wir bauten die ersten eigenen Autos in unserem Land. Und das war auch einer der großen Träume derer, die unsere Wirtschaftsleistung erbracht haben. Sieben bis achttausend Mark zusammensparen um sich dann einen eigenen VW Käfer kaufen zu können, war der Wunsch vieler Familien. In allen Bereichen war der Zusammenhalt spürbar. Ob das sportlich, kulturell oder politisch gesehen war, spielte damals keine Rolle.

Es war in den wenigen Jahren seit 1949 ein flächendeckendes Wir-Gefühl entstanden. Und das betraf die Politik als auch die Gesellschaft. Vor allem sah man es daran, dass die Politiker auch interessierte, wo bei den Landsleuten der Schuh drückt, und was deswegen

am dringendsten benötigt wird. Außenpolitisch wurde es auch besser. Politiker
vieler Staaten sahen den Aufschwung
des erst vor kurzem noch am Boden
liegenden Deutschlands. Einstige
Kriegsgegner traten in enge politsche
und wirtschaftliche Beziehungen mit
uns ein. Es waren erste vertrauensbil-
denden Maßnahmen und der Glaube an
langfristigen Frieden in Europa und der
Welt, wenn die Beziehungen mit dem
einstigen Erzfeind Deutschland weiter
wachsen würden.

Die sechziger Jahre hatten begonnen
und unsere Politiker sahen, dass wir es
ohne weitere Hilfe nicht bewältigen
können. Wir wurden deswegen binnen
weniger Jahre ein Land mit weiteren
neuen Mitbürgern aus aller Herren
Länder. Es kamen weitere Gastarbeiter
aus unterschiedlichsten Regionen Europas, um fehlende Arbeitskräfte zu
kompensieren. Das Problem Integration
gab es nicht, so wie man es Jahrzehnte

später tagtäglich diskutieren wird. Und das alleine deswegen, weil es weder Vorbehalte noch Fremdenfeindlichkeit gab. Welcher Nation die helfende Hand angehörte, interessierte niemanden. Leider war dieser Aufschwung aber nicht für alle da. Er begrenzte sich auf drei der ehemals vier Besatzungszonen nach dem Krieg. Die ehemals vierte Besatzungszone war abgespaltet und aus dieser russischen besetzten Zone wurde ein zweiter deutscher Staat, der nach sozialistischen Gesichtspunkten existieren sollte. Und plötzlich waren wir wieder getrennt.

Auf der einen Seite das Wirtschaftswunder in einem Land, wo man Anfang der sechziger Jahre mit viel Eigenarbeit für achtzigtausend D-Mark ein eigenes Haus bauen konnte. Auf der anderen Seite der deutschen Grenze den sozialistischen Bruderstaat wo die Meinungsfreiheit des Menschen nichts wert war, wenn man seine systemkritische

Meinung offen geäußert hat. Wie das irgendwann ausgehen würde, konnte zu diesem Zeitpunkt niemand sagen. Aber aufgrund der neuen Lage waren die politischen Fronten in mancherlei Hinsicht plötzlich sehr verhärtet.

Der kleine Mann auf der Straße konnte da sowieso nichts ausrichten, aber hier und da wurden Familien getrennt und das Leben veränderte sich. Die mittlerweile zum Industriestaat gewordene Bundesrepublik, wo das Geld und die Steuereinnahmen scheinbar unermesslich flossen, zeigte zwischenzeitlich die ersten Anzeichen von Größenwahn. Dies sollte sich im Detail aber erst viel später herausstellen. Es war einerseits vollkommen richtig, dass wir uns im Ausland auch sozial verhalten haben und mit Entwicklungshilfe und Darlehen für andere Länder Strukturhilfe gegeben haben. Aber schnell wurde das Maß aus den Augen verloren. Da viele dieser Gelder, nicht in das jeweilige Jahreshaushaltsbudget passten, holte sich der Staat das Geld einfach aus der Rentenkasse. Später würde man die zweckentfremdeten Entnahmen aus der Rentenkasse als versicherungsfremde Leistungen deklarieren.

Die Entnahme von Geld für Ausgaben, die nichts mit der Rente zu tun haben. Dies war auch der Startschuss für die heute immer noch andauernden Entnahmen aus der Rentenkasse, die nie wirklich zurückbezahlt wurden. Das sind Ausgaben für die Posten, wofür der Staat im Jahreshaushalt kein Geld hat. Solides und verantwortungsvolles Haushalten der steuerlichen Mittel will gelernt sein und wie wir mittlerweile wissen, hat ein Politiker vom Sparen keine Ahnung. Dem Bürger schreibt es der Staat genauso vor, wie dies ihrerseits die Banken tun. Nur beim Staat ist das scheinbar anders. Politiker geben ja nicht das eigene Geld aus. Es ist ja "Nur" erwirtschaftetes Geld der Steuerzahlenden. Und dort ist sparen ein Begriff, welcher eben nicht in die Politik passt. Es war somit klar, dass Geld immer schon ausgeben wird, bevor der Staat es eingenommen hat. Wir hatten ja damals schon sogenannte Steuerschätzer, nach deren Angaben der Staat sich scheinbar richtete.

Ob die veranschlagten Steuerein-nahmen wirklich in die Staatskasse flossen, war damals schon nebensäch-lich. Die Ausgaben des Staates wurden als allgemeine Richtschnur daran fest-gemacht. Das sollte die zukünftige Poli-tik bestimmen. Die Rentenkasse war ja randvoll, und unsere Politiker der Mei-nung, dass der Geldregen weiter so fallen würde. Aus der Rentenkasse wurde die Ausrüstung der Bundeswehr bezahlt und fremde Länder bekamen bereitwillig Kredite. Dies waren innen-politisch die ersten Fehler, die unsere Politiker machten, wenn man einmal

von den vielen löchrigen Gesetzen die
jedes Jahr verabschiedet wurden,
absieht. Die angesprochenen Gesetze
waren in vielen Teilbereichen sehr
schwammig und durchlässig, mit Aus-
nahmeregelungen gespickt und formuliert.

Es wurden schlichtweg überall unzählige Hintertürchen offengelassen, die
eine konsequente Umsetzung teilweise
unmöglich machten, wie sich in einigen
Jahrzehnten erneut und plastisch
zeigen sollte. Unsere Politiker waren
der Meinung, dass eben alles zu unserem Wohl unkontrolliert weiter geht.
Und niemand rechnete damit, dass
diverse Staaten die ihnen gewährten
Kredite nicht mehr zurückzahlen
können oder wollen. Dort sollte auch
die schnell ansteigende Staatsverschuldung ihren Anfang nehmen. Gemeint
waren damit Schulden die durch
zusätzliche Kredite oder nicht zurück-
bezahlte Verbindlichkeiten anderer

Länder entstanden. Wir nehmen hier als erstes Beispiel einmal Indien und Pakistan, zu dieser Zeit sehr arme Länder ohne Aussicht auf wirtschaftliche Entwicklung.

Der vielfache Zinseszins der von Deutschland gewährten Kredite für Indien konnte nicht mehr zurückbezahlt werden. Also tat Deutschland das, was es noch heute macht. Es erlässt anderen Staaten die Schulden und erhöht unsere eigenen Staatsschulden in derselben Höhe. Dies ist eines der Beispiele wo wir Steuerzahler das Geld des Staates zweimal verdienen müssen. Das erste mal haben wir es unter großem Aufwand und durch Zahlung von Steuergeldern erwirtschaftet. Denselben Betrag, den unser Staat gerade verschenkt hat, müssen wir durch zusätzliche Schaffenskraft nun an hinzugekommenen Schulden abarbeiten. Und was wir nicht selbst schaffen können, übertragen wir unseren nachfolgenden Generationen. Dies war auch der Beginn der Entfremdung zwischen Politik und Gesellschaft. In den Köpfen erster Politiker hatte ein Umdenken stattgefunden.

Es ist ja nicht unser Geld, das wir ausgeben. Das Motto „Nach uns die Sintflut" galt ab sofort in der Politik. Und können wir die Schuldenbewältigung nicht durch gesteigerte Wirtschaftsleistung erbringen, dann nehmen wir im Namen des Staates neue Schulden auf. Es folgen in nachfolgenden Generationen weiterhin fleißige Steuerzahler, die den Bockmist der Politiker übernehmen dürfen. Zwischenzeitlich geschah aber das, womit keiner gerechnet hatte. Im Jahr 1973 hatte uns die Ölkrise erwischt. Und das betraf dann die gesamte Gesellschaft wie auch die Politik. Die Wirtschaftsleistung sank und die Arbeitslosenzahl stieg. Aber die Ausgaben, die man sich ja aufgehalst hatte, wurden nicht weni-

ger. Mittlerweile war auch die Rentenkasse in großen Teilen geplündert, wir
hatten dafür neue Flugzeuge in der
Bundeswehr geplant, und standen
global zwischenzeitlich als Weltsozial-
amt da.

Diesen Ruf hatten wir uns nun einmal
hart erarbeitet und der musste auf
Teufel komm raus, für immer verteidigt
werden. Aber aus den Fehlern, die
unsere Politiker in den letzten Jahren
gemacht hatten, wurde einfach gar
nichts gelernt. Weiterhin wurden fleißig
Kredite ans Ausland vergeben, ohne zu
wissen, ob wir das Geld je wieder
zurückbekommen. Und hier müssen wir
unterscheiden, ob Kredite oder
Zuschüsse dahin vergeben werden wo
man dieselben dringend braucht, oder
ob Gelder bewilligt werden die wir
Bürger selbst nicht als nachvollziehbar
gesehen haben. Die innenpolitische
Situation mit Steuerverschwendung
und nicht wirklicher Planung von staat-

lichen Bauvorhaben kannten wir nun auch. Aber Planungen machen Politiker scheinbar nur dann richtig, wenn es um den privaten Geldbeutel geht. Ansonsten war der Steuerverschwendung bereits Tür und Tor geöffnet. Außenpolitisch war es nicht besser, denn wir befanden uns mitten im Kalten Krieg. Auf der einen Seite hatten wir uns mit ehemaligen Kriegsgegnern versöhnt und strebten nicht nur politisch, sondern auch wirtschaftlich langfristige Zusammenarbeit an.

Und diese warfen ihre Schatten bereits voraus. Aber innenpolitisch hatten wir ja sonst noch einige selbst verursachte Baustellen. Um Menschen, die in unserem zweiten deutschen Staat, der DDR nicht systemtreu waren, die Freiheit zu ermöglichen, mussten Honecker und Konsorten fleißig gesponsort werden. Die Freiheit einzelner Bürger ließ sich der chronisch pleite scheinende Staat DDR teuer im sozialistischen Sinne

bezahlen. Die angebliche Wirtschaft der
DDR musste in der Hauptsache durch
unsere Subventionen aufrechterhalten
werden, soweit das möglich war. Aus
humanitärer Sicht war das ja auch alles
richtig. Nur egal worum es ging, die
Frage ob und was sich unser Staatshaushalt gerade leisten konnte, wurde
nie gestellt.

Und im eigenen Land bringen es unsere
Politiker dank selbst verfasster löchriger Gesetze nicht fertig, die National-
sozialisten des Dritten Reiches zu ver-
bieten. Denn etwas anderes war und ist
die Partei mit dem Kürzel NPD ja nicht.
Und dieser Namen kam ja alleine durch
eine vorherige Änderung der alten
NSDAP zustande. Unser Grundgesetz
hat dank hier und da löchriger Ausferti-
gung zwar Nazis namentlich verboten,
aber so streng sehen das der Rechtsstaat und die Politik dann wiederum
doch nicht, wie dieser Fall ja zeigt. Und
woran mag das Liegen? Doch nur an

der offensichtlich immer häufiger
erkennbaren Unfähigkeit unserer Politiker einfachste Dinge durch lückenlose
Gesetze, wirkungsvoll umzusetzen. In
der Zwischenzeit wuchs der Einfluss
der Wirtschaft auf die Politik zuse-
hends. Die Arbeitslosenquote war mittlerweile sehr hoch. Um dem entgegenzuwirken waren langfristig erfolgreiche
Lösungen erforderlich. Es mussten
neue Märkte erschlossen werden. Bei
den aktuellen Arbeitsmarktdaten hatte
es oberste Priorität.

Zwischenzeitlich ist es nicht nur inter-
national so, dass Frauen berufstätig
sind. In der BRD ist es nun auch
erlaubt und Frauen dürfen offiziell am
Berufsleben teilnehmen. Aus der Sicht
der Gleichberechtigung war dies ja
längst überfällig. Das haben wir aber
nicht der Politik, sondern alleine der
Wirtschaft mit Blick auf neue Arbeitskräfte zu verdanken. Die Unternehmer
waren ganz im Gegensatz zu unseren

Politikern schon dort vorausschauend und wussten genau, was gut für Sie ist. Aber es gab da noch wesentlich mehr, unausgeschöpftes Potenzial das genutzt werden konnte. Es ging dabei um die Herabsetzung der Volljährigkeit. Da die Wirtschaft immer noch ihren Durchhänger hatte, sah diese genau in einer solchen Änderung einen neuen, noch unerschlossenen Markt. Wenn unsere junge Generation also mit achtzehn anstatt mit einundzwanzig Jahren bereits volljährig ist beziehungsweise wird, dann ergeben sich daraus ungeahnte Möglichkeiten.

Volljährig heißt in diesem Zusammenhang ja voll geschäftsfähig, und somit in der Lage selbst Verträge abzuschließen sowie Kredite aufzunehmen. Das alles ist für die Wirtschaft und damit für den Staat von Vorteil. Also musste der Einfluss der Unternehmen steigen. Was also folgt? Unsere Politiker hören wieder auf das, was die Wirtschaft

Ihnen sagt. Die Wirtschaftsbosse bekommen, was Sie wollen, und die Politik ebnet den Weg durch gesetzliche Änderungen. Nur diese sind eben wasserdicht und nicht so löchrig wie das bei anderen Gesetzen der Fall ist. Aber wirklich konsequent waren unsere Politiker nur dort, wo es für die Wirtschaft von Vorteil war. Auf der rechtlichen Seite was das Strafrecht betrifft, bewahrte man Stillschweigen. Das soll in diesem Zusammenhang heißen, dass ein achtzehnjähriger wie ein Erwachsener behandelt wird, wenn er ein Auto kauft, oder einen Kredit aufnimmt.

In diesem Zusammenhang soll das heißen, dass die Herbsetzung der Volljährigkeit mehr Umsatz für die Wirtschaft bedeutet. Die Änderung des Strafrechts an derselben Stelle hat aber für Unternehmen keine Relevanz. Daher werden vom Staat keine gesetzlichen Änderungen vorgenommen und das Jugendstrafrecht gilt weiterhin bis

zum einundzwanzigsten Lebensjahr.
Zu dieser Zeit war schon klar, dass bei
der Gesetzgebung Politik und Wirtschaft eng zusammenarbeiten. Künftig
ist das ab dort immer so, wenn für die
Wirtschaft kein Nutzen abzusehen ist,
werden Gesetze diesbezüglich nicht
verändert.

Wer aber voll geschäftsfähig ist und
damit als Erwachsener behandelt
werden möchte, muss strafrechtlich
auch als die Konsequenzen eines
Erwachsenen tragen. So jedenfalls
sieht das der Autor. Zwischenzeitlich
musste auch die EWG, (Europäische
Wirtschaftsgemeinschaft) und (spätere
Europäische Union), hauptsächlich auf
Betreiben der Wirtschaft, gegründet
werden. Am Anfang hieß es, dass vorrangig Zollschranken abgebaut werden
müssen, um den internationalen
europäischen Handel zu erleichtern.
Das war auch aus Sicht vieler Menschen in den unterschiedlichen Ländern

etwas gutes. Einmal schnell nach Frankreich fahren und keine Grenzkontrollen mehr haben, war für jedermann nachvollziehbar. Aus dieser Sicht war das eine vollkommen logische Entscheidung. Aber eben nur auf rein wirtschaftlicher Basis. Andere gesetzgebende Rechte waren zu diesem Zeitpunkt nicht bekannt. Zumindest wusste die Öffentlichkeit nichts von einem Geplanten, sich ausufernd entwickelnden Europäischen Parlament in Brüssel. Was daraus für ein Moloch werden würde, konnte zu diesem Zeitpunkt niemand ahnen. Die EWG, (Europäische Wirtschaftsgemeinschaft) als Vorläufer der heutigen EU wie Sie noch genannt wurde, wuchs für ihre Verhältnisse überdimensional schnell und unkontrolliert.

Das Verhältnis zwischen Geberländern, die mehrheitlich einbezahlen, und Nehmerländern die aufgrund geringerer Wirtschaftsleistung laufend Sponsoring erhalten, geriet bald in Schieflage. Aber wie in den einzelnen Ländern, so lernten Politiker auch auf europäischer Ebene nicht dazu. Zwischenzeitlich hatte der zweite innerdeutsche Staat abgedankt, weil sein sozialistisches System wohl doch nicht richtig durchorganisiert war. Der planwirtschaftliche Pleitegeier und politsche Zwänge hatten das System gekippt.

Aus Sicht eines wieder vereinten Deutschland und wieder gewonnener Freiheit für die Bürger der ehemaligen DDR war es die einzig richtige Lösung. Nur muss auf der anderen Seite eingestanden werden, dass einfach nur neues Geld drucken, weil wertloses Geld der ehemaligen DDR Währung unbrauchbar war, in diesem Ausmaß nicht richtig gewesen ist. Es gab zwar keine andere Möglichkeit, aber an der Schuldenschraube und damit der Inflation für den Staat wurde weiter fleißig gedreht. Das alleine wäre aufgrund der mittlerweile wiederflorierenden Wirtschaft nicht das Problem gewesen. Aber wie in der Vergangenheit auch, arbeitete der Staat an mehreren Fronten mit den eigenen Baustellen. Unsere Politiker, egal welche gerade am Ruder waren, hatten aus der Vergangenheit nichts gelernt. Die Staatsverschuldung wurde weiterhin vorangetrieben, und die Verschwendung von Steuergeldern wurde ungebremst weiter praktiziert. Es wurde immer deutlicher, dass finazielle Planungen, bei denen Politiker mitreden dürfen, zum Scheitern verurteilt sind, weil diese einfach nicht rechnen können.

Dies zeigte sich ein ums andere Mal. Man darf einem Politiker kein Geld geben, das durch Steuern verdient wurde, da er nicht in der Lage ist, damit umzugehen. Auch gehören Politiker niemals in den Aufsichtsrat eines Unternehmens. Das gilt auch dort, wo der Staat eine Mehrheitsbeteiligung an einem Unternehmen als Hauptaktionär hat. Die Gründe hierbei sind, wie sich zeigen würde, vielfältig. Nun sind wir wieder ein deutscher Staat und sehr schnell werden einige neue Landesteile von den neu geltenden marktwirtschaftlichen Zwängen eingeholt. Wie sich zeigen sollte, hatten börsennotierte Unternehmen, die ab dem Jahr 1990 wie Pilze aus dem Boden geschossen sind, das Zünglein an der Waage. Es galten ab sofort neue Regeln und alte wurde klammheimlich und langfristig geplant einfach abgeschafft.

Diese Unternehmen sollten in der Zukunft alleine die Regeln des Marktes und des Staates bestimmen. Nur war dies der Politik zu diesem Zeitpunkt noch nicht klar. Es war eine Vorstufe des einige Jahre später eingeführten Neoliberalismus. Das System innerhalb des Systems, von dem wir später noch lesen, wurde ganz langsam und klammheimlich installiert. Arbeitsplätze mussten her, aber zu welchen Bedingungen interessierte die Wirtschaft schon damals nicht. Und genau das sollte sich später detailliert zeigen. Die Industrie mit ihren Großunternehmern würde die Zügel, die Sie nun in den Händen hatte, nie wieder hergeben. Während dieser Zeit kam bereits der sich erhobene Zeigefinger der Wirtschaft zum Tragen.

Er wurde immer dann eingesetzt, wenn die Politik ansatzweise versucht hat auf die Wirtschaftsbosse und ihre Unternehmen Einfluss zu nehmen. Sobald seitens der Wirtschaft Einschränkungen zu befürchten waren, winkte man mit diesem Finger um auf mögliche Konsequenzen hinzuweisen. In der Regel bedeutete das immer die eventuelle Auslagerung oder den Abbau von Arbeitsplätzen. Diese Methode wurde von der Wirtschaft dahingehend perfektioniert, dass sich Politiker automatisch in ein immer größeres Abhängigkeitsverhältnis begeben haben, aus dem es kein Entrinnen mehr gab. Und genau das war so auch beabsichtigt. Die Industrie setzte einzelne Politiker als Aufsichtsräte in die eigenen Unternehmen ein. Schließlich lag die Macht ja zwischenzeitlich alleine bei den börsennotierten Unternehmen, die einzig im Sinne der Großaktionäre agierten.

Mit der Aufnahme von Politikern hatten die Konzerne auch automatisch einen Fürsprecher der bei anstehenden politschen Entscheidungen, ausschließlich die unternehmerischen Interessen vertrat. Der Lobbyismus war geboren. Und es setzte sich fort. Politiker kamen immer häufiger als Aufsichtsräte in Unternehmen zum Einsatz. Dass dies schiefgehen würde, sollte man später an Beispielen wie dem Flughafen BER in Berlin sehen. Überall dort wo Politiker bei Bauvorhaben die Finger mit im

Spiel haben, laufen nicht nur die Kosten aus dem Ruder. Die Bauvorhaben gehen den Bach hinunter oder etablieren sich zu ewigen, teilweise museumsreifen Baustellen die aufzeigen, wie man es nicht macht. Ein weiteres Beispiel ist der sogenannte Schürmannbau, der ja ersoffen ist. Die Steuerverschwendung, hervorgerufen durch schlechte Planung und Inkompetenz der Politiker, war zu einem festen Bestandteil großer politischer Vorhaben geworden. Bei der Kostenentwicklung des späteren Projektes Stuttgart 21 wird politische Unfähigkeit und Inkompetenz abermals deutlich sichtbar werden. Mit ein Grund war das Vertragsverhalten des Staates. Anders ausgedrückt heißt das, dass er eben unfähig ist, wasserdichte Verträge mit den Vertretern der Wirtschaft abzuschließen. Dies ebnete dann den Weg, sämtliche Kosten bei den durch die öffentliche Hand mitfinanzierten Projekten aus dem Ruder laufenzulassen.

Aus der Sicht des Autors wäre es durchaus sinnvoll, alle Politiker bei nachgewiesener Steuerverschwendung mit ihrem kompletten Privatvermögen haftbar zu machen. Dies ist wohl die einzige Möglichkeit Politiker zu zwingen, darauf zu achten wie sie das Geld der Steuerzahler ausgeben. Genauso rapide wie sich die Politik zu diesem Zeitpunkt verändert hat, geschah dies auch innerhalb der Gesellschaft.

Dort wo es in den Anfängen der Bundesrepublik Zusammenhalt gab, gab es mittlerweile etwas neues. Wir nennen es Egoismus, Neid und Missgunst. Jeder ist sich in dieser Zeit selbst der Nächste. Und auch mit der Ehrlichkeit war es auch nicht mehr weit her. Wo früher unverschlossene Fahrräder standen, gab es nun dicke Schlösser am Rad. Ansonsten musste man davon ausgehen, dass das eigene Rad früher oder später geklaut wird. Haustüren waren nun immer verschlossen und Grundstücke soweit möglich gegen Einbruch gesichert. Diese allgemeine Veränderung zog sich aber durch alle Lebensbereiche. Egal ob bei der Arbeit oder in der Freizeit merkte man deutlich, dass der persönliche Vorteil nun immer im Vordergrund stand. Das Wir-Gefühl war nur noch dort angebracht, wo es persönliche Vorteile brachte. So war das in vielen Bereichen auch mit der Ehrlichkeit. Die Wahrheit sagen ja, wenn es von Vorteil ist. Ansonsten hatte man ja immer die Möglichkeit davon abzuweichen, auch wenn man nur wirklich Wahres einfach nicht erwähnt.

Die Politik hatte so in allen Bereichen direkten Einfluss auf die Gesellschaft und den alltäglichen Umgang miteinander. Das Ellenbogendenken war bei der Arbeit, privat und politisch immer im Vordergrund. Da die Arbeitslosenzahlen auch trotz durchgehend geschönter Statistiken immer noch sehr hoch waren, sah man selbst auch kein Licht am Ende des Tunnels und keine Möglichkeit etwas zu verändern. Und was machte die Politik bei der anhaltenden nicht so rosigen Marktlage?

Sie machte nichts wirklich Nützliches. Anstatt zu sparen und den Haushalt zu verkleinern, indem man unnötige Ausgaben streicht, machte man wie immer neue Schulden. Das liegt daran, dass man seine Ausgaben hochhalten wollte und mit Geld umgehen ja nie gelernt hatte. Es war ja als Politiker schon immer einfach, so zu handeln.

Das Geld anderer auszugeben ist immer sehr einfach, wenn über den Sinn und die Zweckmäßigkeit solcher Ausgaben keinerlei Rechenschaft abgegeben werden muss. Sparen kennt der Politiker der heutigen Generation eben nicht mehr.

Als Bürger bekommen wir dabei immer mehr das Gefühl, dass die gesamten Politiker aller Parteien einfach nichts zu Ende denken. Verantwortung beginnt und endet hier offenkundig beim eigenen Geldbeutel.

Der soziale Friede ist in Gefahr

Und mehr noch. Die gesellschaftliche Spaltung wird vielleicht auch nur unbewusst seitens der Politik und dem mächtigen Kapital gefördert und vorangetrieben. Durch schlechte Arbeitsmarktzahlen, geschönte Statistiken und leere Phrasen aus der Politik kommt es immer mehr zu einem beginnenden Klassenkampf Arm gegen Reich. Die bereits geöffneten Gräben beginnen sich zu vertiefen. Die ersten wirklich Armen und extrem reichen Leute waren deutlich sichtbar vorhanden.

Auch die ersten Tafeln für Bedürftige kamen immer näher. Die bisher so starke Mittelschicht, die das Land trägt, beginnt zu bröseln. Deutlich sichtbar sieht man dies am Verdienst und den daraus resultierenden Folgen. Die Anzahl derer, die arbeitslos sind, in Umschulung stecken ist deutlich ansteigend und man muss erwähnen, dass sie alle aus derselben Kasse bezahlt werden. Und das, obwohl die Umschüler aus der Statistik gelöscht werden. Auf der anderen Seite beobachtet man deutlich eine kleiner werdende Mittelschicht und dafür eine immer größer werdende Anzahl derjenigen, die zu den besser verdienenden gehören. Die Schere zwischen Arm und Reich hat sich als bereits zu öffnen begonnen.

 Schwierig war es unter den gegebenen Umständen, für unsere Regierenden effektive Lösungen zu finden, die den Bürgern im Land und den so mächtigen Arbeitgebern gleichsam von Nutzen war. Schließlich war die Politik bereits in einem großen Abhängigkeitsverhältnis.
Wegen der aktuell schlechten Arbeitsmarktzahlen standen schon Arbeitsplatzabbau oder Auslagerung von Arbeitsplätzen in Billiglohnländer zur Diskussion.

Der Egoismus hatte also bereits seinen Siegeszug angetreten.

Die arbeitende Bevölkerung dachte also nicht mehr an das Frühere Wir, sondern der persönliche Vorteil hatte gesiegt.

Neoliberalismus und Hartz IV

Dank Mister Gazprom, unserem Ex-Bundeskanzler Gerhard Schröder, haben wir mit seiner Agenda 2010, was sich als großer Faktor beim ruinieren des Sozialsystems herausstellen sollte. Diese Agenda sieht der Herr Gerhard Schröder ja als sein politisches Lebenswerk und Vermächtnis an die kommenden Generationen – wie er dies selbst betont. Der Neoliberalismus, gesteigerte Leiharbeit und stetig steigende Armut war angekommen.

Auch die Anzahl der Essenstafeln für bedürftige Menschen im Land sollten nun stetig ansteigend zur Armut im Land ihren Beitrag leisten. Umkehrbar war das zu diesem Zeitpunkt nicht mehr. Vor Gerhard Schröder hatten wir ein funktionierendes Sozialsystem. Es war allerdings für den Staat ein viel zu teures System. Armut gab es damals auch schon. Nur war diese nicht so verbreitet und Tafeln für Bedürftige, wie Sie heute überall zu finden sind, waren eher die Ausnahme. Dass Armut immer ein Teil jeder Gesellschaft ist, lässt sich wohl nie ganz verhindern. Aber über das vom Staat zugelassene und zugemutete Ausmaß, dürfen wir Menschen im Land durchaus diskutieren. Und je nachdem, wie der Staat darauf Einfluss nimmt, kann Armut auch begrenzt werden. Nur wird unterschiedlich damit umgegangen.

Es gibt Regierungen, die diese Entwicklungen ignorieren, oder Sie bekämpfen. Es werden hier dringend Lösungen gebraucht, die vorhandene und ansteigende Armut richtig zu bekämpfen. Davon alleine ist dann auch abhängig, wie stark und ob sich Armut in der Bevölkerung weiter ausbreitet. Aber nun war ja durch Einführung der neoliberalen Politik alles anders. Dass gehandelt werden musste, war ja klar. Bei einer Arbeitslosenzahl von beinahe sechs Millionen oder gar darüber mussten schnell wirkende und auch tiefgreifende Lösungen her. Diese neue Politik zielte darauf ab, in möglichst kurzer Zeit sehr viele Menschen in Lohn und Brot zu bringen.

Ob die neu in Arbeit und Brot stehenden Arbeitnehmer von ihrem Entgelt auch leben konnten, war nur zweitrangig. Vorrangig waren sinkende Arbeitslosenzahlen und bereinigte Statistiken. Da das ohne die großen Arbeitgeber in Handel und Industrie nicht zu machen war, ließ sich die Politik abermals durch die Hintertür kaufen. Es waren schließlich nie so viele unbefristete Arbeitsplätze am Markt verfügbar, wie dort gebraucht wurden. Also musste eine neue Art der Arbeitsplatzbeschaffung her. Diese fand man dann in zeitlich befristeten Arbeitsverhältnissen über die Arbeitsform Leiharbeit. Wie wir heute in der neueren Zeit erfahren haben, nennt man dies dann etwas anders, in Leiharbeit beschäftigte haben keinen Arbeitgeber mehr, sondern, nennt man diesen mittlerweile einen Zuhälter.

Die neue Entwicklung am Arbeitsmarkt war zwar jeden Monat für die Arbeitgeber teurer wie ein Festangestellter, aber der Arbeitsplatz konnte auch ohne rechtliche Konsequenzen jederzeit abgeschafft werden. Und von den zeitlich begrenzten Mehrkosten der Arbeitgeber sah der Arbeitnehmer nichts. Sein Lohn wurde eher klein gehalten. Das Arbeitsrecht war letztendlich ausgehebelt. Und schließlich war das eine der Bedingungen der Industrie und des flexiblen Marktes. Dass auf der anderen Seite die Lohntüte des Leiharbeiters dafür sehr gering aussah, fand wenig oder gar keine Beachtung. Und auch das ehemalige System der Arbeitslosen und Sozialhilfe war ja überarbeitet worden. Das politische Vermächtnis von Mister Gazprom hieß ja Agenda

2010. In ihr fand man dann als Ersatz das für den Staat wesentlich günstigere Hartz IV. Wer erst einmal dorthin abrutschte, hatte größte Schwierigkeiten, je wieder am Markt Fuß zu fassen. Hartz IV ist der Anfang vom Ende und erleichtert den Einzug der Armut. Gleichzeitig wurde die Gesellschaft auch immer älter.

Das Verhältnis Rentner und Arbeitnehmer, die beide an der Rentenkasse hängen, stimmte nicht mehr. Aus der Rentenkasse war ein Zuschussbetrieb geworden. Dass die Renten sicher sind, musste dem Steuerzahler jedes Jahr aufs neue erklärt werden. Die Plünderei aus unserer Politik der bereits vergangenen Jahrzehnte war ja nicht ohne Folgen geblieben. Sehr deutlich wurde es allerdings beim Thema Rente. Wir als Wähler und Steuerzahler glaubten, dass nach dem Regierungswechsel mit dem Ende von Schröder alles besser werden würde. Großes Thema waren eben immer noch der Arbeitsmarkt, die Renten und die Steuern. Die Arbeitslosenzahlen waren immer noch sehr hoch, auch wenn die Wirtschaftskraft des Landes stetig angestiegen ist. Und wie immer wurden Versuche der Politik Veränderungen am Arbeitsmarkt durchzusetzen durch die Hintertür vereitelt.

Von Leiharbeit herunter zu kommen war mittlerweile unmöglich. Ganz im Gegenteil. Leiharbeit sollte ein fester Bestandteil des Arbeitsmarktes und der Gesellschaft werden. Es war mit Hilfe der Gewerkschaften wesentlich leichter geworden Leiharbeiter anzustellen, um nicht unnötig Festangestellte in großer Anzahl beschäftigen zu müssen. Zu dieser Zeit haben die Menschen im Land bereits sehr deutlich erkannt, wohin dies führen wird. Niedriglöhne aller Orten hatten weitere Baustellen aufgemacht und deutliche Anzeichen tiefer gesellschaftlicher Gräben vorausgeschickt. Wegen eben dieser niedrigen

Löhne mussten viele Beschäftigte einen zweiten Job haben, damit die Tage des Monats im Verhältnis zum endenden Geld nicht noch länger werden. Auf der einen Seite kamen durch niedrige Löhne weniger Beiträge in die Rentenkasse. Da diese sowieso unter chronischem Geldmangel litt, musste das Rentenniveau angepasst werden.

Es geht nämlich überhaupt nicht, dass Menschen immer älter werden und als Langzeitrentner dem Staat unnötig auf der Tasche liegen. Also hat die Politik mit Hilfe der Industrie angefangen, gewisse Veränderungen vorzunehmen. Aber die Gewerkschaften musste man auch mit ins Boot holen, weil es gab ja den Arbeitsschutz, den vorgezogenen Renteneintritt und einiges mehr was beachtet werden musste. Gesunkene Rentenbeiträge konnte man ja durch ein sinkendes Rentenniveau wieder kompensieren. Wenn das dann doch nicht reichen würde, muss eben irgendwann einmal das Renteneintrittsalter durch gesetzliche wasserdichte Regelungen angehoben werden. Das hat dann zweierlei Vorteile für Staat und Politiker. Die Arbeitnehmer zahlen länger in die Rentenkasse ein, und auf der anderen Seite wird die zu erwartende Rentendauer verkürzt. In diesem Fall spart der Staat bei der Zeit in Jahren der Rentenzahlung wieder etwas ein. Ganz anders sah es allerdings aus, als es um den persönlichen Vorteil unserer Politiker ging.

Schließlich waren Sie stets bestrebt ihren selbst gestalteten Selbstbedienungsladen weiter auszubauen. Der erste Vergleich, der da aufgefallen ist, war die sukzessiv steigende Anzahl der Mitglieder im Deutschen Bundestag. Einmal war es auf Bundes und Landesebene die stetige Trickserei mit den ach so wichtigen Überhangmandaten. Warum die Anzahl der Mitglieder des Deutschen Bundestages seit Jahrzehnten kontinuierlich ansteigen ist nicht nachvollziehbar. Schon im Alter von dreißig Jahren war der Autor der Meinung, dass dreihundert qualifiziert arbeitende Abgeordnete vollkommen ausreichend wären. Und doch schienen es viel zu wenige zu sein. Der arme deutsche Politiker war ja schließlich in großen Teilen überfordert. Und im aktuellen Jahr 2019 hören wir erstmals, dass offen über eine weitere Aufstockung des Bundestages auf über 800 Parlamentarier diskutiert wird.

Der Selbstbedienungsladen läuft also wie geschmiert. Bei Planungen jeder Art in denen der Bund bei den Großkonzernen als Anteilseigner mitspielt, war auch Hopfen und Malz verloren. Aber das sollte sich in den kommenden Jahren ja noch öfter zeigen. Schließlich hatten die Politiker ja Zeit genug, nicht aus ihren Fehlern zu lernen. Einer der Hauptgründe ist wohl die sich immer wiederholende Tatsache, dass kein Politiker das eigene Geld ausgibt. Es ist ja nur das des Steuerzahlers. Und wenn das Geld mal nicht mehr reicht, weil die Konjunktur etwas schwächelt, wird alles über neue Schulden finanziert. Das ist eine Masche, welche sich zu Lasten von uns Steuerzahlern je nach Bedarf finanziert.

Wir müssen dabei berücksichtigen dass die schwarze Null im Haushalt, ohne weitere Schulden aufzunehmen, keinesfalls stimmen kann. Wir müssen dabei die Ausgaben ab dem Jahr 2015 für die Flüchtlingskrise mit einrechnen. Diese Milliardenbeträge in jedem Haushaltsjahr müssen ja irgendwo herkommen. Und da solche Summen in den vergangenen zwei Jahrzehnten nie da waren, sei die berechtigte Frage erlaubt, wie oft uns der Staat noch belügt, wenn er Verlautbarungen macht. Oder hat der Staat etwa eine Schwarzkasse, die uns Bürgern immer unterschlagen wurde? Ob nun für die gerade genannten Ausgaben Platz und Geld im Staatshaushalt ist oder nicht spielt ja keine Rolle. Mit dem eigenen Geld geht der Politiker nicht so verschwenderisch um. Wie der Steuerzahler zusätzlichen Belastungen gegenübersteht, die durch unnötige Staatsausgaben hervorgerufen wurden, ist ja nicht das Problem der Politik. Es folgen ja unaufhörlich weitere Generationen von Arbeitnehmern nach, die dann weiter gemolken werden können.

Da unsere Politiker aber scheinbar chronisch unterbezahlt sind, müssen diese die eigenen Diäten ganz dringend erhöhen. Hierbei sind sie sich stets vollkommen und parteiübergreifend einig. Streiten können sich die regierenden Parteien bei anderen Themen, nur nicht eben dann, wenn es um die eigenen Belange geht. Die Politik nutzt eben kaltlächelnd die Möglichkeit Gelder da abzuzweigen, wo niemand das verhindern kann. Das eigene Hemd war unseren vermeintlich Mächtigen schon immer Näher als das eigene Volk. Und die stetig ansteigenden Zahlungen für Extrawünsche der EU aus Brüssel taten ihr übriges. Die armen Mitgliedsländer brauchen Geld und wir zahlen. Als größtes Geberland blieb uns auch nichts anderes übrig.

Der Moloch in Brüssel wurde immer größer, genauso wie dessen Einfluss in innenpolitische Entscheidungen der Mitgliedsstaaten. Die Macht im eigenen Land wurde also auch noch immer mehr mit Brüssel geteilt. Irgendwann ein paar Jahre später sollten einige ständig am Pleitegeier nagende Staaten wie Frankreich auch einen europäischen Finanzminister fordern. Aber erst einmal zurück zu den laufenden Geschäften. Über Jahre sollte seitens der Bundesrepublik über die Einführung einer PKW Maut diskutiert werden. Diese gab es ja in etlichen europäischen Staaten schon lange. Was dort geschah, entsprach wohl immer Recht und Gesetz. Da es im deutschen Staatshaushalt natürlich immer klemmte, weil Steuerverschwendung hoch und innenpolitische Investitionen mangels Masse zu niedrig waren, musste dringend mehr Geld her. Schließlich hatten wir in den vergangenen Jahrzehnten komplett vergessen, die Autobahnen und Brücken zu sanieren. Das war wegen der teilweise unnötigen Steuerverschwendung komplett in den Hintergrund geraten.

Nun aber wo wir ebenfalls eine Maut einführen wollen, vergessen wir wieder einmal, dies richtig zu planen, und lassen uns aus Brüssel genauestens vorschreiben, wie wir dies machen dürfen. Und alle anderen Länder, die bereits Mautgebühren für die Benutzung ihrer Autobahnen verlangen, dürfen bei der Einführung unserer Maut nun mitreden. Und dies soll man dann den Bürgern mit klarem Menschenverstand beibringen. Ach nein, das geht ja gar nicht. Die wenigsten Politiker an der Macht, besitzen diesen doch so dringend notwendigen gesunden Menschenverstand. Wie also wollen sie dann den Menschen im Land überhaupt noch etwas glaubhaft vermitteln? Aber das ist unseren Politikern auch nicht wirklich wichtig. Vorrangig sind nur persönlicher Vorteil und der eigene Machterhalt. Solange das gesichert ist, kann man ja eine Legislaturperiode weiter wurschteln wie gehabt.

Erst mit dem Beginn des Wahlkampfs muss man sich neue Themen einfallen lassen, um die Wählerstimmen zu bekommen. Gehalten wird nach der Wahl ja sowieso nichts von alledem, was man zuvor versprochen hat. Hinzu kommt erschwerend für uns alle die Verlagerung von Macht innerhalb der EU. Je mehr gesetzgebende Rechte wir als Mitgliedsländer abgeben, umso schwerer wird es das eigene Land richtig zu regieren. Der Einfluss von Brüssel auf innenpolitische Entscheidungen der einzelnen Mitgliedsstaaten ist einer der größten Fehler im System.

Und ihm haben wir die sich immer mehr breitmachende Schieflage innerhalb der EU zu verdanken. Hierbei wurde der Grundgedanke der Europäischen Union einer einfachen Wirtschafts- und Währungsunion nicht nur vergessen, sondern verraten.

Bundestagswahl 2017 und die Folgen

Wir erlebten die letzten Jahre ja tiefgreifende Veränderungen durch die sogenannte Flüchtlingskrise. Um ihr entgegenzuwirken, wurde europaweit aber auch im eigenen Land vieles diskutiert, aber konstruktive Lösungen wurden keine erarbeitet. Man hat immer mehr den Eindruck, dass es gerade im eigenen Land nur noch um den Sessel im Parlament für die kommende Legislaturperiode geht. Nicht aber um die Bürgerinnen und Bürger des eigenen Landes.

Und es zeigt sich immer deutlicher, dass wir als Menschen im Land unwichtig sind. Unsere Aufgaben aus der Sicht aller Regierenden beschränken sich darauf, für Sie zur Wahl zu gehen, und ansonsten regelmässig unsere Steuern zu entrichten. Bei der Bundestagswahl im Jahr 2017 kam es wie erwartet zu Verschiebungen bei den Mehrheiten einzelner Parteien. Ein enormes Plus für das Land und seine Bürger könnte ein Bündnis aus mehreren Parteien werden. Dies hätte wohl zur Folge, dass Kompromisse und gegenseitige Rücksichtnahme wieder Einzug in die Politik nehmen würden. Aber wir Wähler sollten wieder einmal eines besseren belehrt werden.

Eine Einigung sollte sechs Monate dauern um dann trotz oder gegen den Wählerwillen alles so zu belassen wie die Bürger dies nicht mehr haben wollten. Unserem schönen Herrn Christian Lindner und seiner FDP die Dank der Wechselwähler den erneuten Einzug in den Bundestag schaffte, verdanken wir, dass sich wieder einmal nichts verändert. Viele Menschen, unter Ihnen auch der Autor dieses Buches, hatten ihn gewählt um neue Mehrheiten zu schaffen und politische Veränderungen zu erreichen. Mit der faulen Ausrede dass er seine eigene Partei bei Koalitionsgesprächen nicht genügend berücksichtigt sah, machte Herr Lindner einen Rückzieher. Er hatte ja schon mehrere Tage zuvor immer wieder ungenaue, ausweichende Angaben gegenüber der Presse gemacht. Das war aber nicht der tatsächliche Grund hierfür. Aber den Medien gegenüber musste ja argumentiert werden. In Wirklichkeit war es Angst vor der Verantwortung. In der Opposition ohne adäquate Verbesserungsvorschläge zu meckern ist eben einfacher, als selbst Verantwortung gegenüber den Bürgern bei einer Regierungsbeteiligung zu tragen. Wie sich später herausstellen sollte, war dem wirklich so. Seit der Regierungsneubildung bei der es keine Veränderungen gab, hören wir regelmäßig Gezeter seitens der FDP.

Nur konstruktive Vorschläge mit umsetzbaren Ideen sucht der Bürger zuhause verzweifelt. Der Machterhalt und der persönliche Vorteil der Politiker hatte wieder einmal gesiegt. Betrachten wir als Bürger die verschiedenen Politiker in den Medien, so bestätigt sich immer wieder, dass das persönliche Erscheinungsbild wichtig ist. Der Eindruck vor Publikum gerade im Wahlkampf darf dabei nicht unterschätzt werden. Hauptsache der Anzug und die Frisur sitzen richtig. Als wir dann endlich dachten, dass es nun konstruktiv in der Politik weitergehen würde, zeigte sich ein weiteres Mal dass die eigenen Bedürfnisse der Politiker über denen der Leute im Land stehen.

Im Eilverfahren wurden die eigenen Bezüge (Diäten) erhöht und sogar eine automatische Anpassung für die nächsten Jahre beschlossen. Und wieder einmal zeigte sich, dass Politiker sich dann einig sind wenn Sie sich frei und ohne Kontrolle im eigenen Selbstbedienungsladen plündernd verhalten dürfen. Ein Kontrollorgan für Politiker gibt es ja nicht. Die vielschichtigen Probleme im eigenen Land treten da sehr schnell in den Hintergrund. Sachliche Debatten sind diesbezüglich eher Mangelware. Stattdessen kommen häufiger gegenseitige Schuldzuweisungen.

Und wie in der vorherigen Regierungszeit haben immer wieder dieselben Minister eine große Klappe. Auch wenn der Ministersessel diesmal ein anderer ist, kann man ja nicht aus seiner eigenen Haut. Ob nun als ehemaliger Ministerpräsident oder vielleicht dem einem anderen Posten als Innenminister spielt keine Rolle. Dass gegenüber Koalitionspartnern immer wieder Verbalattacken gefahren werden, ist ganz normal und gehört zum täglichen politischen Geschäft. Und dass letztendlich doch wieder zurückgerudert wird, ist ja bekannt und auch ein normaler Vorgang. Das liegt daran, dass sehr schnell etwas geäußert wird, ohne wirklich über Zusammenhänge nachgedacht zu haben. Und die Bürger im

Land sind dabei immer die Dummen. Uns könnte da tagtäglich der Gaul durchgehen. Aber man selbst ist bei diesem Geschehen ja machtlos. Wir müssen uns tagtäglich jeden Dreck in den Medien ansehen oder hören. Dabei können wir vor lauter unqualifizierten Verlautbarungen schon nicht mehr unterscheiden, was davon ein Fake oder schlichtweg nur Dummheit ist. Und was gab es da sonst noch aus der Politik? Seit 2015 mit Beginn der Flüchtlingskrise gehen ja bereits zahl-reiche Länder innerhalb der EU Ihren eigenen Weg und haben keinerlei Inte-resse an einer gemeinsamen europäi-schen Lösung, was Flüchtlinge betrifft.

Zu groß sind einzelne Länderinte-ressen und die unterschiedlichen Auffassungen. Dennoch halten einige verbohrte, engstirnige deutsche Poli-tiker an der gesamteuropäischen Lösung beharrlich fest. Scheinbar des-wegen weil es nicht der gemeinsame

Plan ist. In Wahrheit sind es mangelnde Kompromissbereitschaft und das Leben im eigenen selbst geschaffenen Tunnel. Weltfremd fernab von jeder Realität zählt hier der eigene Machterhalt sowie das persönliche Ego. Wenn Staatsoberhäupter und leitende Minister des Kabinetts den Blick für die Realität und die Bedürfnisse der Menschen im eigenen Land verloren haben sieht es düster aus. Die Leute auf der Straße reden mittlerweile laut von beginnendem Altersstarrsinn verschiedener Politiker, die jeden Blick für die Realität verloren zu haben scheinen.

Manche Leute sagen auch dass es erste Anzeichen einer sich breitmachenden, narzisstischen Persönlichkeitsstörung sind. Wenn Politiker/innen jeden Bezug zum wahren Leben im eigenen Land und den Blick für das wirklich wichtige verloren hat, dann ist es soweit. Ab dort lässt man auch jegliche Kritik abprallen, wenn diese auch gut gemeint und berechtigt ist. In diesem Moment wenn Lob als auch Kritik alleine als Aufmerksamkeit gegenüber der eigenen Person wahrgenommen werden, ist diese Störung eindeutig sichtbar. Aber kommen wir zurück auf das Thema Flüchtlingskrise. Es gibt ja auch europäische Gesetze, die durch konsequente Anwendungen umgesetzt werden könnten, wenn man dies nur wollte. Dazu gehört unter anderem, dass man als Flüchtling nirgendwo Asyl beantragen kann, wenn man dies vorab schon in einem anderen Land getan hat.

Es gibt schließlich Gesetze die regeln, dass man dort Asyl beantragen muss, wo als erstes europäischer Boden betreten wird. Dies wird meist gleich-zeitig mit der Registrierung, die ver-pflichtend ist auch gemacht. So sollte es zumindest sein. Seit 2015 hat dieses Gesetz in der BRD niemanden auf der politischen Bühne interessiert. Bei akuten Streitigkeiten war dies nun anders. Grundsätzlich bleibt alles, wie es ist, nur dieses Gesetz betreffend gab es eine scheinbare Änderung. Zahllose neue und nicht genau definierte Vorschläge seitens Herrn Seehofer sorgen in Politik und Medien für Verwirrung. Heute droht er mit Bruch der Koalition und morgen rudert er wieder zurück. Es hat den Eindruck, dass er keinen Tag wirklich weiß was er sagt . Einerseits möchte Herr Seehofer als Innenminister gerne die strikte Umsetzung bereits bestehender Gesetze.

Aber welche Auswirkungen seine Forderungen für alle Bürger im Land bringen würden, kann er nicht sagen. Aus diesen Gründen müssen wir Bürger uns auch beinahe täglich fragen, ob und und gegebenenfalls, was unsere Politiker denken, bevor Sie sich öffentlich äußern. Eine wirkliche Einigung bezüglich der Streitigkeiten in Flüchtlingsfragen waren die neuen Pressemitteilungen bezüglich Grenzkontrollen also nicht. Es musste der Öffentlichkeit nur so verkauft werden. Alle uns vorgegaukelten Diskussionen waren reines Machtgeplänkel. Das Hü und Hott zwischen Frau Merkel und Herrn Seehofer ging uns Bürgern ziemlich auf den Keks. Presseformulierungen ohne Sinn und Verstand verwirren uns Bürger im Land. Wann kommen die denn endlich auf den Punkt? Das Einzige was wir wussten, war die Tatsache, dass das Ende der momentanen Regierung dabei auf dem Spiel stand.

Bei einem folgenden Bruch innerhalb der Regierung wäre die Macht weg gewesen. Das sinnlose Gelaber hoher Minister in Flüchtlingsfragen ging uns Menschen im Land immer mehr auf den Wecker. Endloses Geschwafel, ohne konkrete Aussagen zu machen, kamen jeden Tag aus dem Innenministerium. Ja was war oder ist denn nun? Zu diesem Zeitpunkt wissen wir Bürger im

Land dann immer noch nicht, was sich positives verändern wird und ob es überhaupt dazu kommt. Scheinbar sollten Asylsuchende, die schon anderswo ihren Antrag gestellt hatten, oder mit mehrfachen, falschen Identitäten eingereist sind, ihren Anspruch auf Duldung verlieren, und sofort konsequent abgeschoben werden. Für die anderen Asylsuchenden sollen zur Absenkung des bürokratischen Aufwands speziell geschaffene Aufnahmezentren eingeführt werden. Dass diese Einigung nun erfolgt ist, heißt aber noch lange nicht, dass unsere innenpolitischen Probleme dadurch weniger werden.

Und wie erwartet hat man uns seitens der SPD gegen alles, was mit dem Innenministerium schriftlich vereinbart wurde, entsprechende Einwände. Und das obwohl möglicherweise ein Bruch zwischen CDU und CSU ohne einen Kompromiss möglich gewesen wäre. Auch wenn wir Menschen im Land vieles bei diesen Streitereien selbst nicht verstanden haben und auch nicht mehr hören wollten, so wurde es dennoch täglich in den Medien durchgekaut. Dieses sinnlose Geplänkel war nur ein weiteres Beispiel für die Unfähigkeit unserer Politiker konstruktiv im Sinne von uns Menschen, und dem Wohl des ganzen Landes zusammenzuarbeiten. Und bei den andauernden Querschlägern seitens der SPD geht es dabei aber nicht mehr darum, dass man als Koalitionspartner bei allem was andere beschließen eine gegenteilige Meinung hat.

Diese darf und soll sie ja auch gelegentlich haben, wenn man selbst in der Lage ist, diese begründet zu vertreten, und gleichzeitig konstruktive eigene Vorschläge einbringen kann. Nur liegt genau da das Problem. In den langen Jahren als Koalitionspartner war das Vokabular der SPD und ihrer neuen Vorsitzenden generell einsilbig. Konstruktive Vorschläge und Lösungsansätze, die auch den Bürgern entgegenkommen, wären uns allen recht gewesen. Alles was Politiker anderer Parteien in den Raum werfen, wird von der SPD und ihrer Vorsitzenden kritisiert. Nur wartet der Wähler und Steuerzahler seinerseits auf konstruktive Lösungsansätze.

Aber diese gibt es mitten im Jahr 2018 immer noch nicht. Oder sollen wir Frau Nahles und ihrer SPD noch etwas Zeit geben? Bis zur nächsten Wahl dauert es ja noch ein bisschen. Und kaum ist dieser Widerspruch in den Medien aufgetaucht, wird das Vokabular geändert. Es soll nun die von Herrn Seehofer angedachten Zentren für Flüchtlinge nicht geben, und dafür bereits existierende Gebäude der Bundespolizei für Flüchtlingszentren genutzt werden. Aber das Ganze ist ein schlechter Witz an sich und komplette Volksverdummung. Laut den Nachrichten findet das geplante Verfahren jeden Tag nur Anwendung auf etwa fünf Flüchtlinge aus Österreich, für die dies tatsächlich zutrifft. Der Bürger bekommt es als große Einigung verkauft aber alle Grenzen der Bundesrepublik, außer denen in Bayern bleiben sperrangelweit und unkontrolliert offen. Es ist hier also gleich wie bei allen politischen Entscheidungen der vergangenen Jahre. Nichts wird wirklich zu Ende gedacht und dann zum Wohle des Landes und seiner Bewohner umgesetzt. Und irgendwelche Änderungen auch im Umdenken innerhalb der Parteien sind nicht in Sicht. Wie erwartet sind einzelne Politiker in verschiedenen Punkten wieder zurückgerudert. Die Aussagen und der damit verbundenen Einführung von Aufnahmezentren für Flüchtlinge ist dann aber genauso abstrakt. Dass einfach etwas sinnloses nicht Durchdachtes dahergesagt wird, und ist das was wir von unseren Regierenden immer wieder zu hören bekommen und ja auch gewohnt sind. Das Jahr 2018 verstreicht ohne wirkliche Produktivität auf politischer Ebene. Der innenpolitische Druck, den uns Frau Merkel zwar auf andere Weise zu verkaufen versucht, veranlasst sie, nicht wieder für den CDU-Vorsitz zu kandidieren.

Aber was soll dann kommen? Vielleicht etwas Besseres haben wir Bürger uns gefragt? Aber nein, weil Köpfe kann man ja beliebig austauschen. Nach qualitativ grundlegenden politischen Veränderungen und innerparteilichen, positiven Dingen, die auch den Menschen im Land entgegenkommen, steht der CDU ja nicht der Sinn. Was macht man also? Es stellen sich zwei Lobbyisten als Kandidaten auf. Der eine, seines Zeichens Lobbyist der Pharma-Industrie, ist in politischen Dingen so ahnungslos, wie es krasser nicht geht. Und das stellt er als Minister beinahe täglich, mit abstrusesten Äußerungen der Öffentlichkeit gegenüber unter Beweis. Der zweite Kandidat, ein ehemals politisch tätiger Lobbyist der Finanzindustrie, der dort sein Vermögen gemacht hat. Und warum will er zurück in die Politik? Sicher nicht um unseretwillen. Ziel war es die Macht in den richtigen Bahnen zu halten. Und wer hat diese Macht bekanntlich? Doch nur das Kapital, welches auch bestimmt wer wo Arbeitsplätze schafft oder wegrationalisiert, wenn Politiker nicht Willens sind. Ah ja, und Sie hätten wir beinahe vergessen.

Das politische Mündel von Helmut Kohl ist ja Frau Merkel, gleichzeitig die von ihm projektiert und in der Politik etabliert wurde. Das Mündel unserer Kanzlerin, fest in der Parteimaschinerie verankert ist ja Frau Kramp-Karrenbauer. Sie wurde gezielt von Frau Merkel gefördert, um die althergebrachten politisch ideologischen Vorstellungen der CDU auch für die Zukunft unveränderbar zu verankern. Über die politischen Führungsqualitäten von Frau Kramp-Karrenbauer oder darüber, ob sie überhaupt solche Qualitäten besitzt, kann man sich ja gerne streiten. Und dies zu beurteilen überlassen wir gerne den Menschen im Land. Wirkliche Belege für Qualifikation durch entsprechende umsetzbare Vorschläge ihrerseits werden jedenfalls noch gesucht. Ob und wann diese eventuell zutage treten, lassen wir momentan noch offen. Vor allem dann wenn es um Planungen geht, die den Bürger/innen und Steuerzahlern auch von Nutzen sind. Momentan weisen aber ihre gemachten Äußerungen darauf hin, dass wir eine weitere, folgsame Marionette des Kapitals erhalten haben.

Dies machen wir dann einmal vorläufig an ihrer Äußerung fest, dass Rente für die Wirtschaft bezahlbar bleiben muss. Hier merkt man dann sofort, wer ihr sagt, wie Sie sich zu verhalten hat, um in der Politik auf der Erfolgsschiene zu bleiben. An der politischen Ausrichtung der Partei ändert sich also sicher nichts. Und dann wochenlanges Geplänkel, medienwirksam inszeniert um uns dadurch irrezuführen. Als ob nicht von vorne herein festgestanden hätte, wer das Amt bekommen soll. Hierfür wurde ja hinter den politschen Kulissen fleißig gearbeitet. Aber lassen wir dies einmal und wenden uns anderen, wirklich wichtigen Dingen zu.

Die Angst vor Veränderung, nicht nur in Deutschland, sondern ganz Europa ist so groß, dass alles vermeintlich andere, oder gar konkurrierende das die Macht gefährdet, total schlecht geredet und verunglimpft wird.

Die dafür geeigneten Medieninstrumente in Funk und Fernsehen hat man sich ja in jahrzehntelanger Feinarbeit herangezogen. Diese Sprachrohre der Politik wollen uns Bürgern erklären was Gut und was Böse ist oder es zu sein hat. Gezielte Meinungsmache für die Mächtigen in Politik und Wirtschaft sind mittlerweile absoluter Standard.

Und die Angst vor Macht und Kontroll-verlust ist nicht unbegründet.

Aufstehen, Gelbwesten und offene Kritik

Diese blanke Angst vor dem Kontrollverlust hat eben hier ihre Ursache. Gezielte Medienkampagnen im Ausland und bei uns reden dies alles schlecht und scheren alles über einen Kamm. Und was nehmen wir da als Beispiel?

 Wir nehmen da klar die Franzosen und ihre Gelbwesten. Wie dem Autor aus vielen Gesprächen mit Freunden im nahen Elsass bekannt ist, verfolgen diese eine andere Richtung wie uns hierzulande Politik und Presse glauben machen möchte. Der Protest dort ist rein friedlicher Natur und richtet sich gegen die gesamte politische Elite und weniger gegen einzelne Personen in der Staatsführung. Entgegen bisher dem Bürger gemachten Versprechungen, handelt die allseits korrupte Politik genauso wie auch bei uns. Die Geldlobby wird bedient und der Bürger auf der Straße soll das alles zahlen.

Gewisse in deutschen Nachrichten gezeigte gewalttätige Ausraster stammen nicht von den Gelbwesten, was man uns ja Glauben machen möchte. Es sind gezielte Störfeuer von radikalen Kräften, die es in jedem Land gibt. Hiermit soll der Rest eventuell vorhandenen Friedens im Lande gestört werden. Ziel dabei ist es die Politik dazu zu bewegen ihre einseitige Berichterstattung zu intensivieren um jeglichen Protest und sei er auch noch so friedlich, im Keim zu ersticken.

Das Problem für die Politik in Frankreich ist nicht zu wissen, wie sie den Gelbwesten beikommen soll. Also versucht man, die Menschen mürbe zu machen. Das gelingt aber nur dann wenn man den sozialen, soweit noch vorhandenen Frieden weiter stört. Es nämlich tatsächlich so, dass das Bewusstsein in den Köpfen der Menschen hellwach ist. Die Zeit für Veränderungen scheint gekommen. Wie wir von Freunden aus dem Elsass erfahren haben, geht Staatspräsident Macron rein taktisch vor. Er hört scheinbar auf jeden in seinem Land, der etwas zu meckern hat.

Das ist aber in Wirklichkeit nicht so. Hierzu muss man folgendes Wissen. Bei den Gelbwesten gehen mehrheitlich Leute auf die Straße zum Demonstrieren, die das bisher noch nie getan haben. Bisher haben diese Menschen auch noch nie gewählt. Es sind die sogenannten vergessenen Menschen in Frankreich, die jeden Monat mittendrin überlegen müssen, ob und was Sie in den kommenden zwei Wochen zu essen haben. Die Schere zwischen Arm und Reich ist in unserem Nachbarland wesentlich weiter offen, als dies bei uns der Fall ist. Aber auch das ist Präsident Macron vollkommen egal, wie uns unsere elsässischen Freunde erklärt haben. Geht man nach dem was dir die Menschen auf der Straße erzählen, so werden die zahlreichen Verletzten bewusst in Kauf genommen, die es bei friedlichen Demonstrationen immer wieder gibt. Ob und in welchem Ausmaß diese Verletzungen auftreten ist der französischen Obrigkeit egal. Was aber den zuvor angesprochenen Effekt im Bewusstsein betrifft, ist das ein Lernprozess, der seine Zeit braucht. Dieser Prozess aber ist es, der in Deutschland noch in Gang gesetzt werden muss. Im Gegensatz zu den Gelbwesten in Frankreich, Belgien und zahlreichen südeuropäischen Ländern wie beispielsweise Portugal steht die Sammelbewegung Aufstehen und ihre Anhänger in Deutschland noch ganz am Anfang.

Dass dem so ist, liegt hauptsächlich an der Mentalität der deutschen Bevölkerung. Was die Politik betrifft, ist sie eher pessimistisch und denkt, dass sich sowieso nichts ändert. Streng nach dem Motto,...wenn sich eh nichts ändert, dann muss ich auch nicht protestieren und kann einfach zuhause bleiben. Dies ist eines der Hauptprobleme in der Bundesrepublik Deutschland. Aber ohne Protest, der in Zeiten zweier deutscher Staaten zur Wiedervereinigung führte, geht letztendlich nichts. Nur durch andauernde Präsenz in der Öffentlichkeit ist langfristig auch hierzulande eine Veränderung in der Politik möglich.

Um dies zu erreichen muss das Bewusstsein gemeinsam notwendigem Handeln in den Köpfen der Menschen geweckt und verankert werden. Wir brauchen diesbezüglich dasselbe Wir-Gefühl welches bereits in Frankreich, als auch in Belgien herrscht. Hierfür brauchen wir aber auch eine sachlich objektive Berichterstattung in den Medien unbeeinflusst von Politik und Wirtschaft – die hier immer noch mehr eine Gefahr als einen Nutzen sieht. Und nun machen wir notgedrungen einen kurzen Sprung ins Jahr 2019. Frau Sarah Wagenknecht hat sich plötzlich aus der Spitze der Sammelbewegung Aufstehen zurückgezogen, was nun wohl gleichzeitig das Ende der Sammelbewegung bedeuten kann. Dies zumindest auf Bundesebene. Wie es im Land flächendeckend in den Regionalgruppen weitergehen wird, das kann momentan noch nicht beurteilt werden. Der zeitgleiche Rückzug aus der Fraktionsspitze der Partei Die Linken spricht da für die Menschen auf der Straße schon Bände.

Dass der Staatspräsident Macron in Frankreich aufgrund seines innenpolitischen Drucks schon überlegt, die militärischen Elitetruppen gegen das eigene Volk einzusetzen, sollte uns zu denken geben. Aber dazu später mehr.

Differenzierte Meinung und Berichterstattung

In früheren Jahren kam dadurch Leben in die Politik, dass unterschiedliche Standpunkte zu denselben Themen eine lebhafte Diskussion durch unterschiedliche Betrachtung entstehen ließ. Heute ist dies nicht nur unüblich, sondern genau betrachtet unerwünscht. Eine andere Meinung zu haben und dies dann auch noch öffentlich zu vertreten ist in politischen Dingen beinahe gefährlich.

Sich hierbei kritisch und differenziert so zu äußern, dass es als eine Abweichung der Zielsetzung regierender Parteien aufgefasst werden könnte, kann Existenzen ruinieren.
So hat es zumindest immer mehr den Anschein. Und das wird weder von der Presse noch von der Politik gerne gesehen. Differenzierte Berichterstattung in der heutigen Zeit gefährdet die

eigene Macht. Und den eigenen Sessel noch ein bisschen zu sichern ist eben besser als gegen den Strom zu schwimmen.

Macron und die Elitetruppen

Und hier gehen wir jetzt nochmals auf den Staatspräsidenten unseres Nachbarlandes Frankreich ein. Wie wir nun Mitte März 2019 aus der Presse erfahren müssen, erwägt der französische Staatspräsident den Einsatz seiner Elitetruppen gegen das eigene Volk. Sollte das der Wahrheit entsprechen und wirklich geschehen, so ist Bürgerkrieg als Folge nicht mehr auszuschließen. Und diese Befürchtungen sind nicht von der Hand zu weisen.

Wie der Autor aus langen Gesprächen mit Freunden aus dem Elsass weiß, gibt es grundlegende Unterschiede beim Handeln zwischen Franzosen und Deutschen. Bei den französischen Mitbürgern wird darauf hingewiesen, dass diese schon mehr als eine Revolution angezettelt haben, und wissen wie das funktioniert. Und gegen das eigene Volk vorzugehen hat schon mehr als

ein Staatsoberhaupt und die komplette
Elite des Landes den Kopf gekostet.
Und es besteht keine Angst im Land,
eine erneute Revolution anzuzetteln,
falls dies notwendig werden sollte.

Es ist Herrn Macron also dringend
davon abzuraten, gegen sein eigenes
Volk vorzugehen. Die daraus resultierenden Folgen wären unkalkulierbar.

Auswirkungen wenn man anders denkt.

Sich also differenziert kritisch, zu äußern heißt dann auch, dass man in eine der unerwünschten politischen Ecken gestellt wird. Da sind sich Politik und Presse dann sehr schnell einig dass man auch nur seiner Ansichten, wegen, entweder als rechts oder linksradikaler Mensch verurteilt wird.

Ob die anderslautende Meinung eventuell nur friedlich ohne Ansätze von Gewalt geäussert wird, spielt heutzutage keine Rolle mehr. Vorverurteilungen und Sensationspresse verkaufen sich besser. Reale Berichterstattung macht auch viel mehr Arbeit. Es macht doch alleine schon bei Formulierungen für Berichterstattungen in Funk und Fernsehen viel mehr Aufwand. Kurze prägnante Sätze mit pauschalisierten Nachrichten sind wesentlich zeitsparender. Auch bekommen wir Menschen im Land immer mehr den

Eindruck, dass diese Vorgehensweise gezielt gesteuert wird. Der so lange ersehnte Freigeist der Andersdenkenden wird bei dieser Systematik zum Stein im Weg unserer Politik und der Berichterstatter.

Aber dazu gehen wir differenziert in den kommenden Kapiteln ein.

Das System innerhalb des Systems

Wir bekommen laufend erklärt, dass
alles was geschieht, zu unserem Besten
ist. Wenn wir nicht alles hinterfragen
und differenziert betrachten, wird wie
beabsichtigt auch das meiste widerspruchslos geschluckt. Das Ziel hierbei
ist eindeutig. Durch jahrelange Übung
wird stetig unsere Leidensfähigkeit
durch versteckte neue Steuern oder
doppelte Lasten erhöht.

Wo denn sonst als bei uns in Deutschland gehen denn Staaten hin und
retten Banken? Die Bankenrettung hat
aber auch einen Grund. Zahlreiche
Großunternehmen sind mit hohen
Summen auf Konten gerade dieser zu
rettenden Banken vertreten. Auf der
einen Seite verdienen die Unternehmen
an den Bankgeschäften. Aber wenn die
Banken sich verspekulieren, kommt
vorsorglich der schon erwähnte
erhobene Zeigefinger der Großunter-

nehmen. Da heißt es dann, dass der Staat die Banken retten muss, weil ansonsten bei einer Pleite der Bank viele Arbeitsplätze verloren gehen. Schließlich haben die Unternehmen viel Geld in der Bank stecken. Und das will das Unternehmen gesichert haben. Also trägt der Staat die Kosten.

Und schon wieder hat ein Erpressungsversuch geklappt. Die Macht der Unternehmen bleibt gefestigt. Diese Last überträgt man dem Steuerzahler. Gleichzeitig dürfen dieselben Konzerne, gleichgültig ob Banken oder Industrieunternehmen, diese ihre gemachten und selbst verschuldeten Verluste nochmals beim Fiskus steuerlich in Form von Abschreibungen geltend machen. Versucht der Staat sich proforma in irgendeiner Weise zu wehren dann wird erneut mit Arbeitsplatzabbau gedroht. Dieses sich zum Schein wehren seitens des Staates, zielt nur darauf ab, dass der Bürger laut den

gezeigten Nachrichten merkt, dass
auch Regierungen sich nicht alles
gefallen lassen. Dies ist heute eine nor-
male Vorgehensweise. Und nehmen wir
da einmal als Beispiel unsere Auto-
mobilkonzerne.

Als wegen der Dieselbetrugsaffäre
Gerichtsverfahren in Übersee anhängig
waren und Strafzahlungen in Milliar-
denhöhe gezahlt werden mussten, war
sofort klar, worauf das hinausläuft. Die
Konzerne setzen als erstes ihre Strafzahlungen als Gewinnminderung hierzulande von der Steuer ab. Beachten
wir dabei bitte, dass die Gewinne der
Konzerne durch die Umsätze der
Steuerzahler erst ermöglicht wurden.
Aus diesen bereits gemachten Erträgen
der Konzerne wurden die einkalku-
lierten Strafzahlungen deswegen mehr
oder minder aus der Portokasse
gemacht, weil von vorne herein das
Kalkül der steuerlichen Absetzbarkeit
mit eingeplant war. So zahlen wir als

Steuerzahler also immer doppelt. Dass solche Unternehmen im Ausland deren Gesetzgebung zur Folge Strafen zahlen müssen war ja klar. Aber im eigenen Land hat man die Zügel ja selbst in der Hand und bestimmt mit aller Macht wo es lang geht. Daher waren wir auf die pseudotaktischen Versuche der Politik schon gespannt.

Denn, ohne aufzumucken, konnte dies die Politik der Fassadenregierung ja nicht durchgehen lassen. Fassade, ach ja, das lassen wir jetzt so stehen und erklären es später. Zu diesem Zeit-punkt haben sich die Menschen im Land bereits gefragt, wie die Politik hierbei reagiert, und wie die Konzerne Strafen im eigenen Land umgehen oder verhindern. Diese wären aus reinem Rechtsempfinden jedes Bürgers ja logisch gewesen. Nur kam hier auch gleich der Verdacht auf, dass alt-bekannte Drohungen mit Arbeitsplatz-verlusten kommen könnten. Es kann ja nicht sein dass ein Großunternehmen, das Arbeitsplätze schafft, und erarbeitete Gewinne im Ausland verschwendet, im Inland wegen Betruges auch Strafen bezahlen muss.

So etwas muss geschickt verhindert werden. Darauf gehe ich im folgenden Kapitel genauer ein.

Der Dieselskandal, der keiner ist.

Im Inland entbrannte eine heiße Diskussion wegen etwaiger Softwareupdates oder Hardwarenachrüstungen bei Dieselautos. Zeitweise wurde diesen Fahrzeugen in gewissen Ländern wie der Schweiz sogar eine Betriebserlaubnis verweigert. Aber auch diese Vorgehensweise war scheinbar gezielt gesteuert und mit der Politik abgestimmt. Stellen wir uns dabei das absolut Unsinnige vor.

Ein Softwareupdate ob es etwas bringt oder nicht kann man aus Sicht des Konzerns ja kalkulatorisch gerade noch durchgehen lassen. Und eine Hardwarenachrüstung? Aber nein, das kostet ja Geld, welches der Konzern nicht mehr übrig hat, weil dieses ja bereits im Ausland für Strafzahlungen ausgegeben wurde. Ausnahmen dürfen sein, wenn diese nicht zu sehr ins Geld gehen. Es musste also eine andere

Lösung her. Das Beste scheinen da Fahrverbote zu sein. Ob sich diese Fahrverbote als sinnvoll erweisen und dann etwas verändern, ist dabei zweitrangig. Bei umgesetzten Fahrverboten hält der Bürger wieder den Kopf hin. Das ist für unsere Konzerne gerade noch tragbar und raten der Politik von Schritten gegen die Unternehmen ab.

 Der Steuerzahler ist das ja schon gewohnt und einmal mehr oder weniger die Zeche zu bezahlen ist für die Mächtigen des Landes nicht relevant. Man bedenke dabei bitte, dass von Wissenschaftlern scheinbar zwischenzeitlich nachgewiesen wurde, dass diese Fahrverbote gar nichts bringen. Das mag wohl auch daran liegen, dass diese Fahrverbote nur in der BRD gelten. Müssen wir etwa annehmen, dass die Feinstaubwerte nur in der Bundesrepublik so hoch sind, dass Fahrverbote notwendig werden? Dieselben Fahrzeuge die ja auch in allen anderen europäischen Ländern fahren, verursachen dort wohl rückstandsfreie Feinstaubwerte. Dies lässt vermutlich auch den Schluss zu, dass Fahrverbote in Deutschland die europäischen Feinstaubwerte auf das seitens der EU verhängte Höchstmaß regulieren und alles in Ordnung bringen.

Wir sind ja schließlich das einzige Land auf der Welt mit diesen Fahrverboten. Die daraus heiß entbrannte Diskussion schlägt dann Anfang 2019 große Wellen. Aber auch das scheint unwichtig zu sein. Wichtig ist nur, dass die Großunternehmen dabei unbelastet bleiben. Während dieser Diskussion um Nachrüstungen im Inland kam ja genau das zur Sprache, worauf auch die Menschen im Land schon gewartet hatten. Der betroffene Konzern drohte mit Arbeitsplatzabbau und die Politik ist unverzüglich eingeknickt und bei Fuß gesessen. Das muss uns Bürger und Steuerzahler aber nicht weiter wundern. Es ist ja mittlerweile eine liebe Gewohnheit unserer Regierenden, dass sie wie wohlerzogene Kinder alles ohne jede Diskussion über sich ergehen lassen. Zur Sicherheit kommt zwar ein kurzes Meckern, damit die Öffentlichkeit das mitbekommt.

Es muss zumindest der Anschein erweckt werden, dass Politiker nicht alles durchgehen lassen. Nur tritt es heute im Gegensatz zu früher immer häufiger offen zutage, dass die wirklich Mächtigen der Industrie in der Realität die Zügel der Macht in ihren Händen halten, und das Land mit seinen Bürgern lenken. Und da zwischenzeitlich der Kostenfaktor Nachrüstungen vom Tisch ist, baut der Großkonzern jetzt doch die Arbeitsplätze ab. Die Begründung wird etwas umformuliert. Aber letztendlich dienen solche Aktionen nur der Gewinnoptimierung und sonstigen Interessen wichtiger Großaktionäre. Vergleichbar auf nahezu allen Ebenen ist die heutige Lage mit der auf ARTE TV ausgestrahlten Sendung Trump und der Staatsstreich der Konzerne vom 22.01.2019. Die Lage und Machtverhältnisse in Europa und da speziell in der Bundesrepublik Deutschland, sind das Machtgefälle betreffend komplett übertragbar.

Aber immer wieder wird seitens der jeweiligen Koalitionspartner versucht zu vermitteln, dass alles zum Wohle des Landes und im Sinne der Bürger getan wird. Diese Heuchelei ist beinahe schon grenzenlos.

Machtgefälle in Europa

Und uns Bürgern macht man mit
gezielt gesteuerter Medienpolitik (mittlerweile Regierungspropaganda) der
öffentlich rechtlichen Berichterstatter
weiß, dass alles ganz anders zu sein
scheint. Die Nachrichten in Funk und
Fernsehen wurden auf die neuen
Bedürfnisse sachgerecht angepasst.

Es ist eine gezielte Art, den Zuhörer
am Radio oder Fernsehen schläfrig zu
machen. Die Rhetorik wurde gezielt
den Wünschen und Bedürfnissen der
nun neuen Mächtigen angepasst. Das
betrifft ja nicht nur innenpolitische
Themen. Da die Reichen und Mächtigen
überall das Sagen haben, ist es auch
vollkommen klar, dass Sie entsprechend vernetzt sind. Daher ist Medienberichterstattung auch außenpolitisch
einseitig, weil Nachrichten differenziert
und sachlich betrachtet nicht im Sinne
derer sind, welche die Zügel der Macht

in Händen halten. So ist es auch nachvollziehbar dass Berichte über tatsächliche Geschehnisse, wie momentan in
Frankreich entweder unterschlagen
oder verzerrt dargestellt werden. Ins-
besondere betrifft es alles, was mit den
Geschehnissen der Gelbwesten und
ihrer Proteste zu tun hat.

Die Gelbwesten sind eine Gefahr in
Frankreich und der ganzen Europäischen Union, wenn wir es vom Standpunkt des Machterhalts der
vorherrschenden Politiker-Riege
betrachten. Wir müssen dabei
bedenken dass dieselben Widerstände
auch schon in Belgien, Portugal sowie
Spanien sehr gut vertreten sind. Eine
europaweite Widerstandswelle wie in
Frankreich würde das komplette Machtgefälle Europas inclusive der Herren im
Europaparlament nicht unerheblich
erschüttern. Das würde es sogar
erheblich gefährden. Deswegen ist
ungenaue oder verfälschte Bericht-

erstattung von Nöten um den Bürger
desinformiert und dumm zu halten. Bei
uns übernehmen das die mittlerweile
allseits bekannten Medien als
sogenannte Hofberichterstatter. Dass
dies länderübergreifend passiert, merkt
man auch an den immer häufiger statt-
findenden Treffen vom französischen
Staatspräsidenten Macron mit Frau
Merkel.

Und an einer solchen Stelle zitieren wir
dann wieder unsere elsässischen
Freunde und französischen Mitbürger.
Das Gefährliche an ihrem momentanen
Präsidenten Macron ist seine über-
zogene, ausgeprägte Arroganz und sein
verächtlicher Blick von oben herab auf
alle die nichts besitzen, (also arm
sind). Und immer wenn der Herr aus
Frankreich mit abstrusen Ideen zu Frau
Merkel nach Deutschland kommt,
kaschiert er seine Bettelbesuche als
freundschaftliche Treffen. Eine europäische Armee oder einen gesamt-

europäischen Finanzminister möchte er
nur, weil er das Geld von uns aus der
Bundesrepublik haben will. Innenpolitisch geht es ihm in Frankreich ähnlich.
Er beliefert die Mächtigen mit Steuererleichterungen und Zuwendungen
aber vergisst das Volk auf der Straße.
Unsere Freunde aus dem Elsass sagen
laut, dass er nur die Poppos mit Geld
bedient. Auch merken Sie diesbezüglich
noch an, dass das alles mit den Kasten
der Herkunft in Indien vergleichbar ist.

 Das bedeutet schlicht und einfach,
dass alle unter ihresgleichen bleiben,
und das Volk darunter keinerlei Rolle
spielt. Die Machtverhältnisse heutzutage nennt man europaweit schlicht
und einfach Moderne Sklaverei. Dies
können wir auch unterschiedlich
begründen. Laut den Aussagen unserer
elsässischen Freunde läuft es in Frankreich geringfügig anders ab als hier bei
uns. All diejenigen die in Politik und
Wirtschaft etwas werden sollen,

kommen aus derselben Kaderschmiede.
Dieses Netzwerk arbeitet generations-
übergreifend. Frei nach dem Motto
heißt es dort,...dein Sohn geht nach
dem Studium in die Politik, weil einer
aus unseren Reihen muss wieder den
Staatspräsidenten stellen.

Mein Sohn geht in die Wirtschaft in
eine leitende Position zu diesem oder
jenem Konzern. So erneuern wir unser
bestehendes Netzwerk für die kommende Generation. So krass ist es in
Deutschland noch nicht. Das liegt
daran dass innerhalb einer Partei in
Deutschland ein väterlicher Freund als
künftiger Macher für bestimmte Positionen in der Politik gebraucht wird. Um
dann die scheinbare Macht als Politiker
zu erlangen muss man brav innerhalb
der Parteisuppe ohne Widerspruch mitschwimmen. Bei Politikern, die ihren
Weg über die Wirtschaft ins Parlament
einschlagen, sieht das ganz anders
aus. Die Strukturen der Großkonzerne

sind besser vernetzt und Politiker werden dort gemacht oder versenkt. Als Anfang der neunziger Jahre die börsennotierten Unternehmen immer mehr in Erscheinung traten, war es wichtig seinen Einfluss für das Unternehmen im politischen Apparat zu installieren. Um das zu erreichen, wurden Politiker einflussreicher Parteien mit Aufsichtsratsposten versehen.

 Dies diente alleine dazu, in der Politik anstehende Entscheidungen zugunsten von Konzerninteressen zu beeinflussen. Man brauchte also einen Fürsprecher im Parlament. Und genau dort begann der schleichende Prozess eines Abhängigkeitsverhältnisses der Politik gegenüber der Wirtschaft. Diese musste aus Sicht der Konzerne natürlich ausgeweitet werden. Es war nicht mehr ausreichend in einzelnen Bereichen einen Lobbyisten zu schaffen, der dann in der Politik die Unternehmerinteressen vertreten soll. Es war zwingend erforderlich in allen Schlüsselpositionen ein oder mehrere Interessenvertreter in Parlamenten zu installieren. Das betrifft Landes und Bundespolitik. Die Präsenz muss flächendeckend sein, sonst funktioniert es nicht. Vorhandene Lücken werden durch Posten in Aufsichtsräten geschlossen.

Für im Amt befindliche Politiker (Minister) stehen solche Posten zur Verfügung und werden mit Ihnen besetzt. Der Einfluss auf die Politik musste so erweitert werden, dass die Formulierung anstehender Gesetze nicht mit Konzerninteressen kollidieren würde. Ob dies aber dann zulasten Dritter, den Arbeitnehmern gehen würde war bereits dort uninteressant. Wichtig war, von Beginn an nur das Wachstum und der damit verbundene Profit. Das hatte natürlich auch Einfluss auf die Steuergesetzgebung. Der Staatshaushalt brauchte viel Geld. Woher aber nehmen wenn nicht von den Arbeitnehmern. Die

Progression machte es ja möglich. Diese Art der Besteuerung über den kleinen Mann und seine Löhne machte es möglich hohe Geldsummen in den Staatssäckel zu spülen. Da Einkommenssteuern nie ausreichen, wird man als Regierung eben kreativ. Bestehende Steuern auf Mineralöl oder auf anderes, das der Steuerzahler bereits zwangsfinanziert kennt, werden erhöht.

Die Erhöhungen oder Einführung neuer Steuern zu begründen war nie ein Problem. Da war eine Regierung immer sehr einfallsreich. Der Einfluss der Unternehmer hatte bereits dort dafür gesorgt, dass ihre Machtposition durch geringe Unternehmenssteuern gefestigt wird. Wenn die Politik dann zwischendurch aus Alibigründen aufmuckte, kam genau das, was alle erwarteten. Es wurde mit der Auslagerung und dem Verlust von Arbeitsplätzen gedroht und sofort war Ruhe im Karton. Die Politik hatte es der öffentlichen Meinung wegen ja versucht, aber es wurde im Interesse der Konjunktur und der Arbeitsplatzsicherung für die Konzerne und gegen die Arbeitnehmer entschieden. So stand es zwar nie in der Zeitung und der staatliche Rundfunk und das Fernsehen berichteten auch anders formuliert darüber. Aber das entspricht nun einmal den Tatsachen.

Beim Staatsfernsehen und Rundfunk müssen wir hier aus rechtlichen Gründen noch ein Beispiel anfügen: Werden heutzutage exemplarisch berichtet fünf abgelehnte Asylbewerber mit dem Flugzeug abgeschoben, dann ist es dem Staatsfunk tagelange sich laufend wiederholende Berichterstattung in unterschiedlichen Programmen wert. Über zehntausende oder noch mehr abgelehnte und dennoch geduldete Asylbewerber gibt es wenn überhaupt, nur eine Randnotiz in einer Nachrichtensendung.

Vertrauen in die Politik

Vertrauen? Oder auch Glaubwürdigkeit. Was ist das? Das gibt es in unserem Land schon sehr lange nicht mehr. Wie wir als Bürger, wahrgenommen werden, ist nicht mehr mit früheren Zeiten vergleichbar. Der gegenseitige Respekt, und das Vertrauen gibt es nicht mehr. Vergleichen wir die heutige Situation mit politischen und gesellschaftlichen Verhältnissen Ende der achtziger Jahre kurz vor dem Mauerfall dann kommen wir zu erschreckenden Erkenntnissen.

Auch wenn zu dieser Zeit schon schwierige wirtschaftliche Verhältnisse vorherrschten, so gab es dennoch ein gewisses Vertrauen in die Politik. Die Menschen im Land hatten noch den Eindruck als solche wahrgenommen und respektiert zu werden, auch wenn es nicht immer einfach war. Die Worte von Politikern hatten noch Gewicht und

es gab zumindest noch einige, auf
deren Aussagen man sich als Wähler
und Steuerzahler verlassen konnte. Wir
müssen dabei aber auch berücksichtigen, dass der heutige Selbstbedienungsladen für Politiker noch nicht in
dieser Form existierte.

Das Verhältnis zwischen Politik und
Menschen im Land war verglichen mit
heute noch im Gleichgewicht. Dies
sollte sich aber demnächst ändern. Und
geholfen hat der Politik hierbei ihre
scheinbar uneingeschränkte Machtposition und das Fehlen eines unabhän-
gigen Kontrollorgans. Das wäre soweit
wir heute wissen aber dringend notwendig gewesen. Und diese Notwendigkeit besteht heute im Jahr 2019
immernoch. Durch dieses Machtvakuum entstanden aber weitere Frei-
räume, die eine Ausbeutung der
Bürger, wie wir Sie heutzutage kennen,
erst ermöglichten. Dieser war Anfang
der neunziger Jahre noch ein schlei-

chender Prozess. Zu diesem Zeitpunkt kippte auch die Stimmung innerhalb der Gesellschaft, auch wenn dies nicht sofort stark auffiel. Das persönliche Ego trat ab sofort in den Vordergrund. Die Zeiten wo es allen Menschen gleich schlecht ging und man sich gegenseitig geholfen hat, waren damit vorbei.

Bis auf wenige Ausnahmen war sich fortan jeder selbst der Nächste. Dieser Prozess sollte sich in Zukunft fortsetzen und in jeder Weise verschlimmern.

Geld und Arbeit als Mangelware

Mit der Wende und darin einherge-
hende Wiedervereinigung kam dann
das, was kommen musste. Einerseits
waren riesige Investitionen gefragt, um
eine marode nicht mehr existierende
Wirtschaft in der ehemaligen DDR neu
aufzubauen, aber woher das Geld
nehmen, wenn nicht stehlen. Das was
wir alle als Kinder bereits in der Schule
lernten galt nicht mehr.

In diesem Zusammenhang bedeutete
das für jeden Geldschein, der neu
gedruckt wird, muss es einen Gegenwert in der Währung Gold geben. Wir
aber druckten in der Not Milliarden
neuer D-Mark ohne jeden Gegenwert.
Und die Inflation stieg genauso schnell,
wie die Landflucht dafür sorgte, dass
neu dazu gekommene Bundesländer
beinahe menschenleer wurden. Die
früher durch westdeutsche Subventionen am Leben erhaltenen ostdeut-

schen Betriebe gingen reihenweise pleite. Dort wo dies bei einzelnen Betrieben nicht der Fall war, so wurden Gebäude mit Inventar für eine symbolische D-Mark an potenzielle Investoren aus dem Westen Deutschlands verhökert. Als Erstes gab es viele geschlossene Betriebe und noch mehr Arbeitslose. Und beinahe die komplette junge Generation war abgewandert.

Und wie sollte man das alles Lösen? Folgerichtig mussten zum Aufbau einer in den neuen Bundesländer greifenden Wirtschaft jährlich Milliardenbeträge in jedem Jahr dort hineingepumpt werden. Nur kam da der nächste Punkt. Wer sollte das bezahlen? Na klar, die Steuerzahler natürlich. Auch das war irgendwo logisch und nachvollziehbar. Es gab also neue zusätzliche Belastungen zu alldem, was schon vorhanden war. Wäre es an diesem Punkt bei einer Gleichbehandlung geblieben, hätte es langfristig gesehen den

Zusammenhalt in der Bevölkerung wie zu Anfang der Bundesrepublik gegeben. Aber nein. Obwohl die Baustellen im eigenen Land riesig und scheinbar unüberwindlich waren, musste man an allen Fronten kämpfen und auch im Ausland allen unter die Arme greifen, die um Geld bettelten. Dabei hat man die Gleichbehandlung im eigenen Land nicht nur aus den Augen verloren, sondern diese wie wir heute wissen, komplett vergessen. Straßen in den neuen Bundesländern waren tadellos und dort wo die Wirtschaftskraft des Landes erarbeitet wurde und die Steuergelder herkamen, musste man auf den Straßen Schlangenlinien fahren um nicht in die vielen Schlaglöcher zu stürzen.

Um diese zu sanieren, wie das auch bei den Brücken des Landes nötig gewesen wäre, war kein Geld mehr da. Aber woher auch? Man hatte das Ganze ja schon ausgegeben, bevor die Steuereinnahmen die Kassen füllten. Und was tut man als Staat, wenn das Geld trotzdem nicht reicht? Ganz einfach, neue Schulden, erhöhte und neue Steuern.

Dann wird es schon irgendwie funktionieren. So denkt jedenfalls der Politiker, denn er gibt ja nicht das eigene Geld aus. Ein weiteres Problem, das sich durch einen größeren Staat mit dadurch mehr Einwohnern auftat, Mal abgesehen von der Rentenkasse in die ja schon immer kräftig reingelangt wurde, um sich zu bedienen. Das System war ein unter dieser Belastung in die Knie gehendes, für den Staat zu teuer geworden und es wurde hier nach Lösungen gesucht. Schließlich fehlten ja auf er anderen Seite Arbeitsplätze an jeder Stelle. Aber es war schließlich eine Lösung in Sicht. Es standen ja gerade Wahlen an. Diese kamen nun und die Regierung wechselte.

Neoliberalismus und Hartz IV

Und unsere neue Regierung unter dem später als Mister GAZPROM bekanntgewordenen neuen Kanzler Gerhard Schröder wollte es einmal schnell richten. Das nachfolgend beschrieben Hartz IV und die sogenannte Agenda 2010 bezeichnet der Herr Schröder selbst ja als sein politisches Lebenswerk. Wie wir heute mit etwas Abstand und jahrelanger Erfahrung wissen, definiert sich Neoliberalismus wie folgt. Arbeitsplätze schaffen, auf Teufel komm raus und ohne Rücksicht auf jegliche Verluste.

Im Detail geht das ganz einfach. Es wird der Kündigungsschutz gelockert und eine neue Form von Arbeit eingeführt und gefördert. Diese neue Form nennt man Leiharbeit. Befristete Arbeitsverträge und verhältnismäßig geringer Verdienst gehen künftig Hand in Hand. Schließlich haben das Unter-

nehmer und Politik so miteinander aus-
gehandelt. Die Wirtschaft bekommt billige leicht ersetzbare Arbeitsplätze und
die Politik bekommt eine geschönte
Statistik. Das war ein weiterer Deal der
Unternehmer die bereits übernommene
Macht im Land weiter zu festigen und
zielgerichtet auszubauen.

Die Industrie bedankte sich wieder mit
dem einen oder anderen zusätzlichen
Aufsichtsratsposten bei den Politikern.
Um weiter strategisch erfolgreich zu
sein, musste aber ein zweite Variante
her. Von der Pike an im System aus-
gebildete Lobbyisten der Großunternehmen sollten an Schlüsselpositionen
in die Politik wechseln, um dort Unternehmerinteressen bei Debatten und
anstehenden Gesetzen in die richtigen
Bahnen zu lenken und auch dort zu
halten. Es musste ja gewährleistet
werden, dass in erster Linie Unternehmensinteressen Beachtung finden.
Dieser bewährte Prozess sorgte sehr

schnell für mehr Arbeitsplätzen auf dem Markt. Nur aufgrund der allgemeinen Vorzeichen waren diese Arbeitsplätze aber nicht sicher. Zukunftsplanung wie der Kauf einer Wohnung oder Bau eines Hauses durch einen in Leiharbeit befindlichen Arbeitnehmer war damit unmöglich.

Und rein statistisch sieht es dann auch nicht gut aus, wenn eine Regierung sagt, wir haben jetzt hunderttausende neuer Jobs binnen kurzer Zeit geschaffen, und wenn ein Leihabeiter sagt, dass er allein drei davon hätte. Weil eine Arbeit haben heißt im Gegensatz zu früher nicht mehr, dass man auch davon leben kann. Heute sind zwei Einkommensquellen eher ein Standard, weil man von einer Arbeitsstelle alleine nicht mehr über die Runden kommt. Geht man von Presseverlautbarungen am Anfang des Jahres 2019 aus dann haben in der Neuzeit die über eine Million Leiharbeiter keine Arbeitgeber mehr. Nein, Sie haben stattdessen einen Zuhälter. Aber das macht ja scheinbar nichts. Für den Unternehmer besteht der Vorteil des Leiharbeiters einfach darin, dass er jederzeit austauschbar oder leicht wegzurationalisieren ist. Also auch hier wird unterstützend durch die Gesetzgebung der Politik der Unternehmer eindeutig bevorzugt und der Arbeitnehmer bleibt auf der Strecke.

Dass durch niedere unsichere Löhne weniger Abgaben in die Sozialkassen fließen ist den Politikern dabei vollkommen egal. Sie selbst beziehen ja feste Sätze an Diäten, welche Sie sich selbst bewilligen. Es wird zwar immer von vollen Kassen geredet, aber die vorhandenen Mittel sollen ja auch für viel mehr Leute reichen. Nur tun Sie dies auch? Wohl eher nein. Aber einen von Armut bedrohten Politiker haben wir ja auch noch nicht kennengelernt. Vom vollen Pensionsanspruch ab Vollendung des sechsundfünfzigsten Lebensjahres wollen wir gar nicht reden. Das alles sind Gründe dafür aus Sicht der Politik die ungerechtfertigt niedrigen Hartz IV Sätze so weit unten zu belassen. Woher auch soll der Staat das Geld für die Bedürftigen nehmen, wenn Politiker selbst die Kassen ständig plündern.

Dass arme Menschen in unserem Lande davon nicht leben können, spielt längst keine Rolle mehr. Das war einmal. Es ist den Politikern hierzulande egal, wie dreckig es bedürftigen Menschen geht, solange der eigene Säckel gut gefüllt bleibt. Vor einigen Jahren wären solche Verlautbarungen noch als ungerechtfertigte Behauptungen abgetan worden. Dass es aber wirklich so und nicht frei erfunden ist, bestätigt uns die Politik tagtäglich. Aber was muss man dagegen tun. Das erklären wir hier noch, spätestens in einem weiteren Kapitel.

Der Bürger, das folgsame Schaf.

Kommen wir hier noch einmal auf die differenzierte Betrachtungsweise und Meinungsbildung zurück. Um alles was um uns herum geschieht so sehen zu können, falls dies notwendig ist, bedarf es selbstständigen Denkens und entsprechendem Handeln in jeder Lebenslage. Und genau hier wird es schwierig. Zwar nicht für uns als Bürger, Einwohner, Steuerzahler und Wähler, aber eben für den sogenannten Gegenpart.

 Als Wähler und Steuerzahler sind wir recht und billig. Dabei tun wir auch das, was man uns so gerne abverlangt. Aber eine differenzierte und kritische Betrachtung der politischen Abläufe wird von der Politik hierzulande nicht gerne gesehen. Denn Menschen die etwas hinterfragen kann man nicht mehr zu folgsamen Schafen erziehen. Deswegen haben Politik und Medien hier grenzübergreifend ein System geschaffen, um das zu ändern. Bei kritischen Themen wie Flüchtlingskrise, Arbeitslosigkeit, Gesundheitsversorgung oder auch Rente muss die Berichterstattung geändert werden. Außer diesen genannten Themen gehört da auch jede Person dazu, welche sich sozialkritisch äußert.

Diese muss man dann in den Medien gezielt in eine der gern zitierten Ecken stellen. Beliebte Schlagworte sind dabei Rechts- oder Linksextremismus, obwohl sie sehr oft nicht zutreffend sind. Wichtig ist dabei aber nur, dass die Menschen auf der Straße oder Zuhause am Bildschirm dies glauben. Nur wie erreicht man das, uns zu willigen treuen Schafen zu erziehen, die absolut nichts hinterfragen und alles für bare Münze nehmen? Genau hierfür braucht die Politik bestimmte Medien als ihr Sprachrohr um durch ständiges Gesäusel der sich immer wiederholenden Inhalte alles glaubhaft zu machen.

Medienberichterstattung wird folgendermaßen manipuliert. Bei Nachrichten werden bestimmte Inhalte einfach unterschlagen. Um dies glaubhaft zu machen, – hier ein Beispiel.

Extreme in unserem Nachbarland Frankreich wollen derzeit Aufmerksamkeit erzielen dies Sie nicht haben. Bekanntlich gehört die Aufmerksamkeit den Gelbwesten, deren Proteste absolut friedlich sind. Also gehen die Extremen hin und verursachen große Sachschäden in zahlreichen Städten des Landes. Das wird hierzulande aber nicht berichtet, wie es wirklich ist. Bestimmte Radio und Fernsehsender berichten nur dass die Gelbwesten in Frankreich bei Demonstrationen selbst diese extremen Schäden angerichtet haben sollen. Alles andere wird in der Berichterstattung unterschlagen. Innenpolitisch, wo es in der Bundesrepublik ja auch nicht gerade einfach ist, geht man genauso vor. Sicher ist die Existenz einer eindeutig den Nazis zugewandten Partei ein Problem, das es zu lösen gilt. Aber auch hier hat die Politpropaganda der Regierung Möglichkeiten geschaffen. Jeder sich in unserem Land sozialkritisch äußernde Bürger wird in eine Ecke mit den Nazis gestellt, und die Damen und Herren der Politik glauben das Problem sei damit vom Tisch. Jemanden mundtot machen und die Leute dazu zu bewegen dies zu glauben, heißt in diesem Fall, ein paar treue Schafe mehr gewonnen zu haben.

Bei den Themen Rente, Gesundheitsversorgung, Pflege oder der Flüchtlingskrise wird ähnlich verfahren. Wobei Letzteres eigentlich der Auslöser jeglichen Unmuts im ganzen Lande ist. Bei den davor genannten Themen wurde jahrelang im System alles kaputtgespart. Für Gesundheit, Pflege, Rente und die im Sozialstaat Bedürftigen ist inzwischen definitiv zu wenig

Geld da. Das alles müssen wir uns jetzt seit zwanzig Jahren anhören und es mitmachen. Dass kein Geld da ist, wurde uns von den vorher genannten Medien nach bewährtem Muster durch ewige Wiederholungen vermittelt. Es wurde gehofft, dass wir dies alles hinnehmen und glauben ohne etwas zu hinterfragen. Weitere treue Schafe hätte man hierdurch gewonnen.

Wer nämlich nichts hinterfragt, der nimmt auch Steuererhöhungen und Rentenkürzungen widerspruchslos hin. Und zwischendrin machen wir eine kleine Zeitenwende und gehen ein paar Jahre zurück.

Mutti sagt, wir schaffen das.

Betrachten wir bis 2013 die Jahre der Regentschaft von Frau Angela Merkel, dann war zwar nicht alles wirklich in Ordnung, aber dennoch haben wir eine florierende Wirtschaft.

Als dann 2015 die ersten Flüchtlinge kamen, war es aus rein humanitärer Sicht nur richtig, Menschen die verfolgt werden und unserer Hilfe bedürfen auch hier aufzunehmen. Und diese Aussage ist noch heute richtig. Nur müssen wir heute, etwas mehr als drei Jahre später wieder differenziert betrachten. Aber halt, das ist ja nicht erwünscht, weil man sich sonst schnell unbeliebt macht. Genauer betrachtet sind all unsere heutigen Probleme vom Staat selbst hausgemacht. Bei richtigem Umgang mit allen zu lösenden Aufgaben hätte es niemals eine Flüchtlingsproblematik gegeben. Schließlich wandern auch jährlich mehr als eine halbe Million Bürger aus Deutschland aus. Dass wir die heutigen Probleme, die kein Ende nehmen, dennoch haben, liegt an unterschiedlichen Faktoren. Das größte Problem hierbei sind unsere Politiker. Die müssen sich in diesem Zusammenhang widerspruchslos den folgenden Vorwurf machen lassen.

Sie sind einfach nicht Willens und in der Lage etwas zu Ende zu denken, weil Sie es entweder nicht können, und/oder wollen. Und das ist nicht erst seit Heute so. Trotz langem Suchen in der Vergangenheit habe ich als Autor und Bürger des Landes nichts gefunden wo unsere Damen und Herren Abgeordnete konstruktiv handelnd etwas bis zu Ende gedacht hätten, wo wir sagen können es ohne Abstriche funktioniert.
Aber woher kommt das denn überhaupt. Ein wichtiger Punkt ist wohl die Ausbildung eines Politikers und partei-interne Interessen.

Ein ausgebildeter Politiker?

Warum gibt es diese nicht. Wir leben ja in einem Land wo beinahe alles reglementiert und mit Vorschriften behaftet ist. Auch das Ausbildungssystem ist sehr gut organisiert. Um qualifizierte Arbeit zu bekommen und dafür dann ein entsprechendes Entgelt zu erhalten, bedarf es eines Abschlusses. Aber bei Politikern ist dem wohl nicht so. Jeder darf in die Politik einsteigen und Qualifikationen sind in keiner Weise erforderlich.

Allerdings bedarf es einiger spezieller Charaktereigenschaften, die dabei helfen können, in der Politik erfolgreich zu sein. Hierbei unterscheiden wir zwischen Lobbyisten, die erst in die Politik einsteigen nachdem Sie bereits in Großkonzernen gelernt haben Unternehmerinteressen glaubhaft öffentlich zu vertreten. Diese werden von den Unternehmen ermutigt, politisch tätig zu werden, um dort die betriebsinternen Notwendigkeiten vorneanzustellen. Genau heißt das, politische Abläufe zugunsten der Unternehmen zu beeinflussen.

Und dann gibt es diejenigen die schon früh direkt in die Politik einsteigen, nachdem Sie mehrheitlich ein Studium im juristischen Sinne absolviert haben. Als Anwalt kann man ja immer Geld verdienen, wenn es in der Politik nichts wird. Aber es gibt außer Juristen auch Leute in der Politik, die nicht studiert haben. Und wir haben auch einige Politikerinnen ohne jeden Abschluss. Aber auch diese kommen zumindest dann, wenn es der Erfüllung der sehr oft diskutierten Frauenquote dient, sogar in leitende Positionen eines Bundestages. Und die vorab angesprochene Ausbildung Politiker ist sehr schnell abgeschlossen. Zum einen müssen Sie in der Parteisuppe blindlings mitschwimmen, um Erfolg haben zu können. Hilfreich ist, dabei wie bei den Lobbyisten über ein großes Mundwerk zu verfügen und die Fähigkeit dieses auch entsprechend zu benutzen. Die Rhetorik als Fähigkeit mitzubringen und damit parteiintern aufzufallen ist sehr wichtig.

Ob dies durch qualifizierte Aussagen geschieht oder nicht interessiert dabei niemanden. Nur auffallen ist wichtig. Wie wir von Lobbyisten mit eigenem Ministeramt wissen, ist Qualität und Umsetzbarkeit publizierter Inhalte absolut überflüssig beziehungsweise unnötig. Aber als wichtigstes Utensil für Politiker bekommt man folgendes mit. Reden schwingen muss man dabei können. Wer politisch erfolgreich tätig sein will, muss diese Kunst beherrschen sehr lange Reden zu schwingen. Je länger diese Reden dauern umso besser. Gleichzeitig muss aber darauf geachtet werden, dass hierbei nichts Rechtsverbindliches ausgesagt wird, woran man Politiker danach festhalten könnte. Damit ist die Ausbildung schon abgeschlossen. Mehr an Qualifikation ist absolut unnötig. Und dann kann es losgehen. Der eigene Sessel im Parlament und der ergatterte Posten muss immer nur eine Legislaturperiode gesichert werden. Eine Wahl, die zur Sicherung des Amtssessels alle paar Jahre ansteht, ist nicht zu überschätzen.

Was Politiker dort versprechen, ist nur das, was Sie nach der Wahl nicht halten oder relativiert verändern. Zum Lachen ist dies ganz sicher nicht, aber leider entspricht es hierzulande exakt dem, wie es in der Regel vor sich geht. Dies gilt auch für Ministerämter, die neu zu besetzen sind. Hier wird auch nach altbewährten Mustern vorgegangen. Mit ein paar Beziehungen innerhalb der Partei funktioniert das schon. Um als Beispiel Außenminister zu werden ist heute kein diplomatisches Geschick mehr nötig. Wichtig hierbei ist nur, dass dieser Sessel gerade frei wird, und man selbst als Politiker öffentliches Interesse an diesem Amt kundtut. Das allein reicht vollkommen aus. Irgendwelche Qualifikationen oder Verhandlungsgeschick wie es bei einem solch wichtigen Amt zu erwarten wäre, muss der potenzielle Kandidat nicht mitbringen. Eine solche Beurteilung gilt allerdings pauschal für alle Ministerämter und muss keinesfalls als Herabwürdigung einzelner Ministerien angesehen werden.

Der Qualitätsstandard ist als einheitlich gleich hoch oder nieder einzuordnen. Politiker mit herausragenden Fähigkeiten vergangener Tage wie in vergangenen Jahrzehnten, gibt es scheinbar nicht mehr. Diese könnte man eindeutig unterscheiden, da Sie durch ihr Auftreten und ihr Erscheinungsbild positiv aus der Menge der Politiker herausragen würden. Heute ist es eher genau anders herum. Es tauchen auf der politischen Bühne der heutigen Zeit eher Nichtskönner und Wendehälse auf, die sich durch Lobbyismus oder innerparteiliche Kriecherei einen Namen in der Öffentlichkeit gemacht haben.

Als Minister können Sie eben aus diesen Gründen besser gelenkt werden. Um im Gespräch zu bleiben, sei es ihnen erlaubt gelegentlich unqualifizierte, nicht umsetzbare Vorschläge zu machen. Da diese entweder nicht realisierbar sind oder so nicht in einem Koalitionsvertrag stehen, gelten die gemachten Vorschläge von vorneherein als abgelehnt. Aber immerhin gab es diesbezüglich eine Wortmeldung ähnlich wie bei den Sommerpausenneurotikern des Bundestages. Ach, ihr wisst nicht, wer das ist. Das sind in der Regel kleine Abgeordnete, die kein offizielles

Ministeramt innehaben, und um ihr Direktmandat fürchten müssen. Um in ihrem eigenen Wahlkreis für die nächste Wahl wieder aufgestellt zu werden, dürfen Sie keinesfalls in Vergessenheit geraten. Daher ist es eine besondere Pflicht, kurz vor der Sommerpause auf die eigene Person aufmerksam zu machen. Vorschläge, die dort gemacht werden, sind von vorne herein zum Scheitern verurteilt. Das ist aber nicht weiter wichtig.

 Hauptsache man hat als Politiker auf sich und seine Person aufmerksam gemacht, und gezeigt, dass man hier vertreten ist. Für den nächsten Wahlkampf ist das mit ausschlaggebend. Der Platz als Kandidat auf der nächsten Wahlliste und die Diäten für die kommende Legislaturperiode müssen gesichert werden. Seitens der einzelnen Politiker/innen muss außerdem darauf geachtet werden, dass das Wohlwollen der parteilichen Führungsebene gesichert ist. Alles andere spielt eine untergeordnete Rolle.

Und wie sehen das die Bürger.

Hier hat es sich soweit entwickelt, dass die Menschen im Land beinahe nichts mehr glauben. Die Leute auf der Straße erzählen unterschiedlichste Dinge. Das liegt vor Allem daran, dass in der Politik keinerlei Ehrlichkeit mehr zu erkennen ist. Die Entwicklung auf Regierungsebene hat tiefgreifende gesellschaftliche Veränderungen nicht nur mit begünstigt, sondern in vielen Fällen auch beschleunigt.

Hauptsächliche Gründe hierfür sind Sparmaßnahmen auf der einen und Steuerverschwendung auf der anderen Seite. Immer wenn es um soziale Dinge ging, war nie Geld vorhanden. Aber bei Planungen der öffentlichen Hand für Ausgaben die den Politikern in den Kram passenden Belange, war immer Geld da. Es ist außerdem eine Art von Politikverdrossenheit bei den Bürgerinnen und Bürgern zu bemerken.

Diese sorgt dafür, dass auch die Wahl-
beteiligung immer geringer wird. Es hat
sich unter den Menschen im Land die
Ansicht breitgemacht, dass alles gegen
Sie läuft. Egal was wir als Steuerzahler
und Wähler brauchen, die Entscheidungen der Politik laufen dagegen.
Und die Ansicht dass sich nichts zum
Positiven verändern wird, ist allgegen-
wärtig. Aus diesen Gründen ging in den
letzten Jahren eine Saat im Lande auf,
die wir nun überhaupt nicht brauchen.
Populistische Strömungen und Ten-
denzen verstärkten sich.

Und das uneinsichtige Verhalten unserer Politiker sind wie intensiver Dünger
auf die braune Saat. Die Politik von
Heute züchtet neue Nazis. Ehemals
etablierte, offiziell bürgernahe Parteien
haben sich festgefahren und sind in
ihrer Ideologie noch in den Zeiten
längst vergangener Jahrzehnte
Zuhause. Heranwachsende neue
Generationen und die teilweise längst

überholten Ansichten von politischen Führungseliten passen nicht mehr zusammen. Teilweise hat es den Anschein, dass Altersstarrsinn und andere undefinierbare Krankheitsbilder das Handeln gewisser Politiker vorrangig bestimmen. Sie erwecken den Eindruck in ihrer eigenen Welt, fernab jeder Realität zu leben.

Es ist keinerlei Handeln nach gesundem Menschenverstand zu erkennen. Und aufgrund des politischen Systems als auch des Wahlrechts sind dem Bürger und Wähler in vielerlei Hinsicht die Hände gebunden. Es ist daher in der neuen Zeit vollkommen egal, welcher Partei man seine Stimme gibt. Ob ehemals etablierte Parteien die es seit Jahrzehnten gibt, oder auch die Parteien mit eindeutigen Nazitendenzen sind streng genommen nicht wählbar. Die Einen waren einst sozialdemokratisch, eher zuständig für die Belange des kleinen Mannes. Sozialdemokratie existiert dort nur noch im Namen. Dann hatten wir christdemokratische sowie christlich soziale Parteien, die sich das ganz oben auf ihre Fahne geschrieben haben. Hier bedarf es streng genommen einer Änderung bei der Namensgebung dieser Parteien. Denn mit ihren im Namen verbrieften Inhalten hat ihr politisches Wirken nicht einmal im Ansatz mehr etwas zu tun. Ihre Inhalte auf welche Sie sich so gerne berufen sind mittlerweile reine Fassade.

Ihr Tun und Handeln wird parteiübergreifend vom Machterhalt bestimmt. Da dies dem Bürger bewusst ist, handelt er entsprechend. Es haben sich mit Hilfe der einzelnen Parteien tiefe Gräben innerhalb der Bevölkerung geöffnet, wie kaum mehr zu schließen sind. Zu krass sind die Gegensätze. Auf der einen Seite zutiefst enttäuschte Bürger, die überhaupt nicht mehr Wählen gehen. Auf der anderen Seite radikale Kräfte unter den Bürgern, die sich eindeutig auf die Seite der neuen schon einmal da gewesenen stellen. Trotz eines eindeutigen Verbotes im Grundgesetz etablieren sich heutzutage Kräfte in der politischen Realität die einen Vergleich zu rechtsextremistischen totalitären Systemen früherer Tage zulassen. Scheinbar hat nicht jeder in diesem Land aus der Geschichte gelernt.

Dann haben wir noch diejenigen, die immer noch das Wählen, dem der Großvater schon seine Stimme gab. Hier steht die Meinung dahinter, dass sich sowieso nichts ändert, egal wer die eigene Stimme bekommt. Da wir in einem mittlerweile scheinbar demokratischen Rechtsstaat leben hat auch jeder Bürger sein Recht auf eine andere eigene Meinung. Scheinbar wohl deswegen weil politsches Handeln der aktuellen Zeit nicht gerade oft den Eindruck demokratischer Gesinnung erweckt. Und das sei bitte als Kompliment für unsere Politiker zu werten. Vielmehr wird der bleibende Eindruck bei uns Bürgern geweckt, dass alle Entscheidungen irgendwo mit den wirklich Mächtigen der Industrie auf Arbeitgeberseite gezielt besprochen und abgestimmt werden.

Alles was dann nicht in das Schema der Großkonzerne beziehungsweise der Arbeitgeber passt, wird entweder unterlassen oder verwässert. Letzteres trifft besonders dann genau zu, wenn es sich um notwendige gesetzgebende Verfahren handelt. Es wird also keine Gelegenheit ausgelassen bei uns Bürgern das Misstrauen gegenüber der Politik zu verstärken. Eine Basis gegenseitigen Vertrauens und des Respekts existiert schon lange nicht mehr. Genauer gesagt heißt dies, Glaubwürdigkeit innerhalb des Rechtsstaats gibt es keine mehr.

Der Niedergang des Sozialstaats

Hierfür gibt es keinen einzelnen Grund, der als hauptverantwortlich angeführt werden kann. Es ist ein Zusammenhang unterschiedlicher Faktoren, die dafür verantwortlich sind. Und alle daraus resultierenden Probleme sind von unserer Politik alleine verursacht. Einer der Hauptgründe jedoch ist der ständige Griff in die Rentenkasse.

Das liegt einmal an unserem System welches Geld immer hin und herschiebt, aber keine zweckgebundenen Finanzmittel kennt. Die allgemeine Vorgehensweise ist bei all unseren Politikern parteiübergreifend identisch. Das verplante Geld des aktuellen Jahreshaushaltes stimmt in der Regel niemals mit den endgültigen Ausgaben überein. Eventuelle Mindereinnahmen werden nie einkalkuliert und teilweise die den Haushalt überschreitenden Ausgaben der Öffentlichkeit schlichtweg unterschlagen. Den Griff in die Rentenkasse bezeichnet man da die sogenannten versicherungsfremden Leistungen. Ziehen wir die Zahlen der Partei, die Linken mit ihrer Aussage vom Ende des Jahres 2018 hier in Betracht. Laut deren Aussage handelt es sich in den vergangenen Jahrzehnten mittlerweile um eine Summe von ungefähr achthundert Milliarden Euro die den Sozialkassen entnommen und nicht wieder eingelegt wurden. Gleichzeitig wurde in den vergangenen Jahrzehnten an verschiedensten Stellen alles möglich eingespart, beziehungsweise wegrationalisiert. Wegen steigender Anzahl zu erwartender Rentner und damit verbundenen höheren Ausgaben mussten Sparmaßnahmen ergriffen werden.

Das Ergebnis unserer Politiker war nicht die Einschränkung oder gar Abschaffung versicherungsfremder Leistungen. Es war wesentlich einfacher, Stück für Stück das ehemals stabile Rentenniveau abzusenken. Ob ein Rentner der im Jahr 1970 noch problemlos von der Rente leben konnte, dies nach der Jahrtausendwende in der kommenden Generation auch noch können würde interessiert einen Politiker nicht. Da diese Einsparungen nicht ausreichten, war es zwingend erforderlich die Rentenbeiträge auf der anderen Seite zu erhöhen. Wenn man dies in mehreren Stufen macht, dann fällt es weniger auf.

Eine große Erhöhung der Beiträge auf einen Schlag wäre da eher ins Gewicht gefallen. Also bekamen wir das in kleinen Brocken auferlegt und so verkauft, dass es aus Geldmangel zwingend erforderlich sei. Es geschah wie anderenorts auch immer zu unserem Besten. Die Ausrede seitens der Politik dass es immer mehr Rentner gibt und weniger Beitragszahler, die solche Schritte erforderlich machen, ist höflich ausgedrückt eine weitere Variante der

Volksverdummung. Schließlich gibt es auch immer weniger Landwirte gegenüber früherer Zeiten, die immer mehr Lebensmittel für eine stetig wachsende Bevölkerung produzieren müssen. Die schleichenden Erhöhungen bei der Mehrwertsteuer oder dem Mineralöl für Benzin oder Diesel liefen so nebenher. Die Unternehmenssteuern wurden dafür je nach Bedarf dahingehend abgesenkt, dass drohender Arbeitsplatzverlust oder Verlagerung von Arbeitsplätzen ins Ausland zumindest zeitlich begrenzt verhindert werden konnte. Der Kosten – Nutzen – Faktor wurde einfach den Gegebenheiten angepasst. Diejenigen welche die neue Macht innehaben, sollen auch den Nutzen bekommen. Die Kosten werden auf die breite Masse der arbeitenden Bevölkerung verteilt.

Das nennt man dann teilweise Gewinnmaximierung für Großunternehmen. Aber das ist bei Weitem nicht ausreichend, um den Ansprüchen des Kapitals zu genügen. Wir müssen hier ein besonderes Augenmerk auf die sich immer mehr ausbreitenden börsennotierten Unternehmen richten. Dabei ist eine klare Unterscheidung zu anderen Firmen notwendig. Aktiengesellschaften sind nicht ihren Arbeitnehmern verpflichtet, wie man das vor der Zeit börsenspekulativer Geschäfte gekannt hat. Ihre alleinige Fürsorge wie wir dies einmal nennen wollen, liegt beim Großaktionär und den kleineren Anlegern. Unternehmenswachstum in direktem Zusammenhang mit Gewinnausschüttung über Dividenden ist das Maß aller Dinge.

Die Unternehmensstruktur ist alleine auf Gewinnmaximierung gepolt und diese wird einzig durch hohe Bewertung bei den Börsennotierungen gewährleistet. Eine der seit Jahren gängigen Methoden auch bei Unternehmen mit staatlicher Beteiligung ist die scheinbare Gewinnmaximierung durch gezielten Arbeitsplatzabbau. Dieser wird dann immer als sozialverträglich dargestellt. Für künftige Rentner unter den Mitarbeitern wird einfach kein neues Personal eingestellt. Beim nächsten Jahresabschluss können auf diese Weise bereits weniger Kosten dargelegt werden, die zumindest für den Moment den Gewinn etwas erhöhen. Dass dies aber keine überall gültige und wirksame Lösung ist, sollte jedem Bürger mit gesundem Menschenverstand klar sein. Es ist ja rein betriebswirtschaftlich gesehen auch unsinnig die Preise zu erhöhen, wenn der Umsatz rückläufig ist.

Das mag scheinbar eine Überbrückung sein, ist aber grundlegend falsch und führt zur Verschlechterung der Unternehmenslage. Bei den Personaleinsparungen verhält es sich ähnlich. Mehrarbeit bei geplanter Gewinnmaximierung auf weniger Schultern zu verteilen, bedeutet eine Mehrbelastung für die Arbeitnehmer. Langfristig führt dies zu einem höheren Krankenstand und bei qualifiziertem Fachpersonal zu einem Arbeitsplatzwechsel zu Konkurrenzfirmen. Und in diesem Zusammenhang nennen wir einmal passende Beispiele. Im südlichen Baden Württemberg lernen wir immer wieder Leute kennen, die in die nahe Schweiz zur Arbeit abgewandert sind. Es ist meist Fachpersonal aus der Pflege, sonstige aus Krankenhäusern aber auch qualifiziertes Bankpersonal.

Diese Fachkräfte wandern wegen des Niedriglohns hierzulande ab und haben außerdem geregeltere Arbeitszeiten in der Schweiz. Gerade die Überstunden in Pflege oder Krankenhäusern fallen weg. Und der Verdienst ist teilweise dreimal so hoch. Der durch falsche Unternehmenspolitik hier in Deutschland gemachte erhöhte Profit ist eine vorübergehende Erscheinung und hilft

keinem Unternehmen wirklich voranzu-
kommen. Langfristig betrachtet macht
das aber immer wieder Umstruktu-
rierungen der Unternehmen erforderlich, weil nicht mit Sinn und Verstand
vorausgeplant wurde. Sich alleine an
Investoren und Dividenden zu orien-
tieren und den wirtschaftlichen Erfolg
daran zu messen, ist schlichtweg
falsch. Diese Bewertungspraxis mit
unterschiedlichen Börsenindexes ist
deswegen verkehrt, weil keine realen
Werte dahinter stehen und alle Seifen-
blasen irgendwann einmal platzen. Und
dann haben wir die Unternehmen, die
aus den eben genannten Gründen
schon eine beinahe komplette Umstel-
lung vorgenommen haben.

Als aktuelles Beispiel nennen wir hier
die Deutsche Post (DHL). Wie in
persönlichen Gesprächen mit Paket-
zustellern zu erfahren war, sorgt die
Personalpolitik dafür, dass es im Verhältnis zu den benötigten personellen

Ergänzungen immer weniger Bewerber
gibt. Das liegt scheinbar zu großen
Teilen an den neuen Tarifen einer ver-
änderten Lohnpolitik. Der Tariflohn bei
Neueinsteigern sei nicht mehr der den
man braucht im wirklich gut über die
Runden zu kommen. Wenn also auf
diese Weise das Unternehmensziel der
Gewinnmaximierung erreicht werden
soll, kann es nur vorübergehend gut
gehen.

Aber wie gesagt, das zu entscheiden
obliegt nur jedem Unternehmen selbst.
Und ergänzend sei gesagt dass es aus
politischer Sicht nicht sinnvoll ist hier
im Land ausgebildetes Fachpersonal
abwandern zu lassen, aber sich auf der
anderen Seite durch übertriebene
Migration sehr viele unqualifizierte
Menschen ins Land zu holen.

Die ewig Gestrigen

Wir leben in einer sich unaufhaltsam und sehr schnell verändernden Zeit. Als allgemeine Aussage hört man immer wieder, dass derjeniger welcher stehenbleibt und sich nicht weiter entwickelt, auf der Strecke bleibt. Er hat sozusagen verloren. Betrachten wir unsere Politiker, der Reihe nach aber etwas genauer scheint zumindest im ersten Augenblick das Bild etwas verdreht.

 Nehmen wir uns die Politiker mal parteibezogen vor. Sehr auffallend war seit der Bundestagswahl 2017 gerade im Lager der Union aus CDU und CSU. Dort findet man den gesunden Menschenverstand, der bei den meisten Politikern mittlerweile angezweifelt werden muss, überhaupt nicht mehr. Es ist eine Mischung aus Tunnelblick, sich täglich verstärkendem Altersstarrsinn, Uneinsichtigkeit und fehlender Kritikfähigkeit. Ganz besonders deutlich wird dies bei bestimmten Ministern, die den Zeitpunkt des Ruhestands verpasst zu haben scheinen. Aber auch bei unserer Kanzlerin Angela Merkel hat sich einiges verändert. Mit etwas zeitlichem Abstand seit 2015 hat es zumindest den Anschein dass ihre Aussage, wir schaffen das, nur noch ihre eigene subjektve Meinung ist.

Mit den realen Verhältnissen im Lande hat dies Aussage nichts zu tun. Klare Strukturen und Ansätze dass die Politik der CDU zum Wohle des Landes und ihrer Menschen ausgerichtet ist, sind nirgendwo mehr erkennbar. Es hat sich diesbezüglich viel zum Nachteil verändert. Hört man auf die Menschen im Land, so ist die aktuelle Lage genau definierbar. Solange die CDU regiert, geht es den Großunternehmern gut und die Arbeitsplätze sind scheinbar sicher. Andere Regierungskonstellationen mit einer CDU, welche nicht mehr stärkste Partei wäre, würden das

Machtvakuum der Unternehmer ins Wanken bringen. So ist zumindest der allgemeine subjektive Eindruck der Menschen im Land. Das Christlich Demokratische im Parteinamen ist also nur noch Fassade und hat mit der Realität nichts mehr zu tun. Aber um langfristig Erfolg zu haben ist heute jedes Mittel recht. Wenn man vorausschauend planend seine Macht in nachfolgende Hände innerhalb der Partei legen wird, muss klar sein, dass es genauso weitergeht wie bisher.

Also sucht man sich in jeder Partei erzkonservative Kräfte die eine Nachfolge antreten können. Erzkonservativ deswegen, weil ja Frau Merkel eine eher liberale Gesinnung nachgesagt wurde. So war dies zumindest beim Antritt ihrer Kanzlerschaft. Mit den Jahren hat sich ihr Blick für die Realität verändert, um nicht zu sagen, dass ihr Blick stark getrübt zu sein scheint. Mit der Realität hat dies nichts mehr zu tun. Beim CDU und CSU Vorsitz hat dies mit dem erzkonserativen Wechsel ja reibungslos geklappt. Bei Herrn Söder fällt das augenscheinlich nicht so ins Gewicht, weil er hauptsächlich auf Länderebene beschäftigt ist. In der CDU ist das wohl anders. Das ewig Gestrige kommt hier ganz klar zum Ausdruck, und zwar mehr als deutlich. In einer Zeit wo sich alles rasend schnell verändert und es eine EHE für alle bereits in vielen Ländern der Erde gibt, würden gewisse Parteikräfte gerne das Rad der Zeit zurückdrehen und gerne jede Änderung diesbezüglich wieder rückgängig machen. So erweckt es bei ihr zumindest den Anschein.

Die Denk- und Handlungsweise der heutigen Union führen jedenfalls weit an den tatsächlichen Erfordernissen vorbei. Und um auch in Zukunft regierungsfähig zu bleiben sind im Jahr 2019 Koalitionen denkbar, welche man noch vor einem halben Jahr komplett ausgeschlossen hätte. Wir reden hier davon, dass eine Koalition mit der Partei die Grünen offen diskutiert wird. Und das obwohl die Grünen einerseits den Verbrennungsmotor abschaffen möchten, aber im Gegensatz massive Umweltzerstörung befürworten. Wir können das auch sehr einfach begründen. Durch die von ihnen geförderte Variante der E-Autos muss großer Raubbau an der Natur betrieben werden damit die notwendigen Bodenschätze gewonnen werden können.

 Diese Rohstoffgewinnung führt zu globalen Umweltschäden. Und eine solche Partei, die landläufig schon als Verbotspartei bezeichnet wird, sollen Wähler in die Regierung einbringen. Über die so gern erwähnte CO_2 Bilanz müssen wir bei solchen Dingen gar nicht mehr reden. Alleine diese Rohstoffgewinnung verursacht mehr Umweltschäden, wie dies beinahe alle Verbrennungsmotoren zusammen tun.

Wollen wir hoffen, dass bei den Menschen im Land der gesunde Menschenverstand und die Verantwortung für uns nachfolgende Generationen siegt. In diesem Fall darf man einer solchen politischen Gesinnung nicht durch Abgabe seiner Wählerstimme folgen. Ansonsten ist das mit Politikern und dem Denken doch eher schwierig.

Es harkt zwar an allen Enden, aber warum soll man etwas ändern. Scheinbar kann man alles so weiterlaufen lassen, weil das was über Jahrzehnte funktioniert hat, muss man ja nicht verändern. Es wird der Weitblick, von Politikern früherer Generationen tagtäglich schmerzlich vermisst. So etwas gibt es nur noch ganz selten, und wenn, dann sitzen diese scheinbar geeigneten Personen an der falschen Stelle. Und was ist zwischenzeitlich mit der sich ehemals allen Arbeitern verantwortlich fühlenden SPD? Der unaufhaltsame Absturz der ehemals starken

Sozialdemokratie ist unverkennbar. Ohne jeden Sinn und Verstand werden Meinungen und Ansichten geändert, je nachdem ob gerade Rückenwind herrscht oder nicht. Konstruktive Lösungsansätze, gleichgültig zu welchen Sachzwängen auch immer sind seit der Fortführung der Koalition im Jahr 2018 nirgendwo, auch nicht einmal in einzelnen Fällen erkennbar.

Aber Personaldiskussionen führen, das klappt. Es sind ausschließlich altgediente Muster, die man als Bürger und Steuerzahler erkennt. Aber sinnvolle Veränderungen auch zum Wohle der eigenen Wähler sind nirgendwo erkennbar beziehungsweise überhaupt nicht vorhanden. Aber dies im Detail weiter zu vertiefen würde ja langweilig. Wenden wir uns deswegen den neuen alten Wilden in der Politikszene zu. Es sind dies die freien Demokraten von der FDP. Inhaltlich haben Sie zwar nicht das zu bieten, was wir Wähler brauchen. Hauptsache die Frisur und die Bügelfalte im Anzug bei verschiedenen Politstrategen sitzen. Was verbal von sich gegeben wird, ist wohl eher unwichtig. Aber seien wir nicht zu vorschnell und beginnen wir am Anfang. Dank den miserablen politischen Verhältnissen innerhalb der letzten Regierung bis 2017 welche aus denselben Parteien wie die aktuelle Regierung bestand, waren Veränderungen in der Wählergunst zu erwarten.

Die Wähler standen vor der Entscheidung, entweder niemandem ihre Stimme zu geben oder endlich einmal erste Strafzettel zu verteilen. Diese sollten politisches Umdenken erforderlich machen. Deswegen hat es die FDP auch wieder geschafft in den Bundestag einzuziehen. Auf Stammwähler konnte die FDP ja nicht setzen, wenn man erneut in das Parlament einziehen will. Als Partei muss man glaubhaft rüberbringen eine Alternative zu altbekanntem politischem Schrott sein zu können. Das ist zwar keine höfliche Ausdrucksweise, ist aber momentan immer die Wahrheit. Die Wechsel und Protestwähler waren dabei behilflich. Dass die Mehrheitsverteilung eine Regierungsbildung schwer machen würde war jedem Wähler nicht nur bewusst, sondern auch gewollt.

Ziel des Wählers war wohl die gegenseitige Rücksichtnahme und Kompromissbereitschaft unterschiedlicher Parteien auf die Probe zu stellen. Das ist eines der Dinge, die seit langen Jahren in der Politik abhandengekommen sind. Sehr schnell aber zeigten sich erste Ansätze, dass Koalitionsverhandlungen scheitern würden. Und es war Herr Lindner von der FDP, welcher sich gewunden hat wie ein Aal. Seine Ausrede dass er seine Partei bei den Verhandlungen zur Regierugsbildung nicht genügend berücksichtigt sah, war eine reine Schutzbehauptung. Er hatte ein-

deutig Angst vor der eigenen Courage
und der Regierungsverantwortung.
Kritik aus der Opposition heraus zu
üben ist wesentlich bequemer und auch
einfacher. Da fällt es ihm auch leicht,
sich zu äußern, auch wenn keine
inhaltlich fundierten, real umsetzbaren
Vorschläge von seiner Seite kommen.
Und auf Stammwähler bei den nächsten Wahlen bei der FDP sollte man deswegen nicht setzen. Diese Stammwähler hat die Partei nicht.

War da sonst noch jemand? Ach ja, da
gibt es ja noch die Partei Die Linken.
Was für ein illustrer Kreis bis ins Mark
zerstritten. So ist jedenfalls der nach
außen erweckte erste Eindruck. Auf der
einen Seite die Hardliner, welche immer
noch dem Arbeiter und Bauernstaat der
DDR nachweinen, oder zumindest dem
dort etablierten System. Dieser Teil der
Partei will beides haben. Die Vorteile
der freien Marktwirtschaft und der
Demokratie. Aber auf der anderen

Seite auch die nicht leistungsbezogene Gesellschaft wo sie in der Führungsriege dem kleinen Mann auf der Straße oder am Fließband sein Tagespensum zuweisen. Schöne alte Zeit? Und dann haben wir noch den Parteiflügel, der scheinbar alles weiß, nur nicht was er selbst will. Auch Sie haben allesamt nichts dazu gelernt und hängen noch immer ewig gestrigen Zeiten und Verhältnissen nach. Haben wir nun endlich an alle gedacht? Oder gibt es da nicht noch ein paar Alternative?

Als Partei würde der Bürger diese meist nur ungern bezeichnen. Es tendiert wohl eher zu längst vergangenen Zeiten, die wir endlich hinter uns glaubten. Aber die dunkelbraune Soße ist wohl eine Art, die niemals ausstirbt. Der eindeutige Hang hin zu nazitreuem Gedankengut, als freier Bürger mit gesundem Menschenverstand betrachtet, weckt eindeutig einen Würgereflex. Es ist ein sich jeden Tag wiederholender Brechreiz, welcher bei jeder Gelegenheit und das beinahe fortlaufend hervorgerufen wird. Eine solch menschenverachtende Haltung ist uns allen unwürdig. Auf der anderen Seite müssen wir uns fragen lassen, ob die Politik durch ihr anhaltendes Versagen nicht großteils mitschuldig an den Veränderungen hin zu immer mehr braunem Gedankengut ist.

Nur stellt sich uns Menschen im Land auch hier die Frage, wie wir dies verändern können. Grundsätzlich sind Veränderungen nicht nur zwingend notwendig, sondern auch machbar. Nur gehen wir darauf eben später bei den Lösungsansätzen im Detail darauf ein.

Die Demokratie ist in Gefahr

Das ist eine der Äußerungen, die wir nicht nur im Gespräch auf der Straße oder mit Freunden hören. Es ist immer öfter auch in den sozialen Medien zu lesen. Streng betrachtet ist dem aber nicht mehr so. Dieser Zeitpunkt für Veränderungen ist in vielen Bereichen bereits überschritten. Betrachten wir politisches agieren und versagen, dann kommen wir zu komplett anderen Schlussfolgerungen.

Beinahe täglich wird durch Berichterstattungen der unterschiedlichsten Medien sehr deutlich, dass politisches Geplänkel heutzutage keine wirkliche Politik mehr ist. Grundlegendes Staatsversagen auf breiter Front wäre ein treffenderer Begriff. Aus Sicht vieler Menschen im Land leben wir in einer neuen Staatsform, die offiziell noch Demokratie genannt wird. Dies aber nur deswegen, weil momentan noch freie Wahlen stattfinden. Genauer betrachtet ist es aber keine Demokratie mehr. Es ist eine Diktatur des Kapitals der Großunternehmen, die alleine die Regeln vorgeben. Einer der Belege hierfür sind die bereits genannten Lobbyisten, welche in die Politik empfohlen wurden, um Interessen der Großunternehmen Nachdruck zu verleihen. Um diesen Einfluss nicht nur zu erhalten, sondern gezielt auszubauen, werden Aufsichtsratsposten an Politiker vergeben.

Das wiederum sorgt bei öffentlichen Großprojekten wie Flughäfen zu Planungsfehlern, weil nicht Sachverstand, sondern persönlicher Einfluss und Inkompetenz die Oberhand zu gewinnen scheinen. Das mag ein subjektiver Eindruck sein, jedoch ist er nicht von der Hand zu weisen. Wo denn sonst als bei öffentlichen Großprojekten laufen finanzielle Planungen generell aus dem Ruder. Nicht eine Kalkulation ist zutreffend. Und das ist nur deswegen der Fall, weil sich die öffentliche Hand ja leichter melken lässt.

Der Steuerverschwendung ist also Tür und Tor geöffnet. Und an dieser Stelle müssen wir Menschen im Land uns wieder fragen lassen, wie das geändert werden kann.

Der Moloch aus Brüssel

Wie sollen wir Europäer es nennen? Etwa das Bürokratiemonster der Europäischen Union? Oder gibt es etwa andere einleuchtende Bezeichnungen? Na ja, egal wie wir es nennen, so wie es jetzt ist, war es nie gedacht.

Der Autor selbst kann sich noch erinnern, dass das Gespräch über die Gründung einer europäischen Wirtschaftsunion aufkam. Wie so viele andere Menschen innerhalb Europas auch fand er es gut und sinnvoll. Schließlich hatte man es den fragenden Menschen detailliert erklärt, wie es werden sollte und gedacht war. Ein Europa ohne Zollschranken und freier Handel zwischen den einzelnen Ländern hörte sich gut an. Dort hieß es auch noch EWG (Europäische Wirtschaftsgemeinschaft) und hatte nichts mit dem heutigen Moloch gemein. Langfristig gesehen konnte ein solches

genau umgesetztes Vorhaben allen Mit-
wirkenden nur Vorteile bringen. Von
einem europäischen Parlament war zu
dieser Zeit ja nie die Rede. Die EU
wurde gegründet und wir dachten alle,
dass der Laden läuft. Aber wie immer
hatten die Politiker dem kleinen Mann
nur teilweise reinen Wein eingeschenkt.
Die fertigen Pläne für eben das Europäische Parlament und auch eine
gemeinsame Währung lagen ja bereits
sortiert in der Schublade.

Und so kam, was kommen musste. Die
gemeinsame Währung konnte man ja
irgendwie noch nachvollziehen, nachdem man sich intensiver damit
beschäftigte. Aber wozu brauchte man
das Parlament, wenn die Länder
sowieso ihre Eigenständigkeit
bewahren sollten. Und die Innenpolitik
der einzelnen Mitgliedsstaaten sollte ja
ein Tabuthema für das Europaparlament bleiben. Dass dies von vorneherein eine Lüge war, wissen wir ja

mittlerweile alle nur zu gut. In anfangs kleinen Schritten, die uns Bürgern kaum auffallen sollten, wurde der EU ein Mitspracherecht in gesetzgebender Form ermöglicht. Es kamen abstruse Verordnungen aus Brüssel die Form und Größe, der im Handel erhältlichen Bananen regeln sollte.

Dieses, so wie weitere Beispiele, waren die ersten Anzeichen dafür, wohin uns die Bürokraten aus Brüssel führen werden. Aber wie schlimm es dereinst werden würde, konnte zu diesem Zeitpunkt niemand ahnen. Denn in der ersten Zeit war auch die Mitgliederzahl der Staaten innerhalb der EU noch überschaubar. Aber das sollte nicht mehr sehr lange so bleiben. Immer mehr europäische, wirtschaftlich schwache Staaten ersuchten um Aufnahme innerhalb der Union. Es war zu diesem Zeitpunkt schon klar, wer dies alles finanzieren sollte. Eine vertragliche Vereinbarung klärte ja genau, wer

wie viel in die europäische Kasse einzahlt und wer daraus Geld erhält. Und
fass mal jemandem in die Tasche,
dessen Kassen leer sind. Es wurden mit
der Zeit daher immer mehr Empfängerländer und dabei gab es wenige Staaten, die Geld in die Kasse einlegten.
Und Deutschland war von Anfang an
der Zahlmeister und wird dies auch
bleiben. Dies wäre auch alles so in Ordnung gewesen und würde nicht weiter
stören. Nur kam dann der immer
größer werdende Einfluss, beziehungsweise, die Einmischung des Europaparlaments in die Innenpolitik der Mitgliedsländer. Aber die Bürokraten der
einzelnen Regierungen und diese Kollegen von Ihnen in Brüssel störte das
nicht. Mittlerweile ist ja da Anzahl der
Mitgliedsstaaten bei noch 28 Staaten
vor dem möglichen Austritts Großbritanniens angelangt.

Das ist aber wohl bald erledigt. Das
britische Königreich hat genug von der

EU, auch wenn man im eigenen Land keinen Plan dafür hat, was nach der EU kommt. Gleichgültig was bei dieser Angelegenheit auch rauskommt, so wie wir es momentan haben, kann es nicht weitergehen. Langfristig wird uns das Bürokratiemonster aus Brüssel zerstören. Die Macht, welche wir dahin abgetreten haben, bekommen wir freiwillig nie wieder zurück. Und der gesetzgeberische Einfluss des Europaparlaments ist mittlerweile so groß, dass wir tatenlos zusehen müssen, wie Sie uns bei Bedarf zur Kasse bitten. Und was noch schlimmer ist. An diese Union ist eine gemeinsame Währung gekoppelt. Es ist zu befürchten, dass bei einem Einbruch innerhalb der EU, auch das Währungssystem zusammenbrechen kann.

Nur wie soll man dies ändern. Genau das ist eine der wichtigsten Fragen, die uns in den kommenden Jahren dringend beschäftigen wird. Wir dürfen

gespannt sein auf die Klippen, über die
man uns ins Ungewisse hinabstürzt.
Und dann machen wir gleich wieder
einen Sprung zu aktuellem Zeitgesche-
hen.

Wahltaktische Manöver

Immer dann wenn es in der Politik etwas mehr klemmt und ein Koalitionspartner in den Umfragewerten zu schlechteren Ergebnissen kommt, geschieht dasselbe.
Der vermeintlich stärkere Koalitionspartner kann sich plötzlich eine Regierungsverantwortung mit der in neuen Umfragewerten stärksten Partei vorstellen. Wir dürfen hierbei nicht dem Irrtum unterliegen, dass es dabei um politische Inhalte geht.

Vorrangig sind der Machterhalt und der Verbleib in der Regierung und einem adäquaten Ministeramt. Dies sehen wir gerade jetzt am Anfang des Jahres 2019. Eine Koalition mit der Partei der Grünen ist in den vergangenen Jahren seitens der CDU immer abgelehnt worden. Nun wo der aktuelle Partner SPD in den Umfragewerten abstürzt, käme eine solche Koalition plötzlich in

Frage. Natürlich nicht aus politisch inhaltlicher Sicht. Aber wenn man eine Regierungsmehrheit durch einen Zusammenschluss bekommen kann, dann ist das bereits zwei Jahre vor der nächsten Wahl denkbar. Solche Vorgehensweisen sind wieder einmal ein Beleg dafür, wie unwichtig der Wähler ist, wenn es um den Machterhalt geht.

 Dies wiederholt sich alle paar Jahre wieder, wenn es inhaltliche Differenzen mit dem Koalitionspartner und schwankende Umfragewerte im Land gibt. Bestätigt werden die aktuellen Zustände im Land dann durch Aussagen, die wie in diesem Fall seitens der neuen CDU-Vorsitzenden kommen. Und das heißt,...... Rente muss für die Wirtschaft bezahlbar sein. Wer da wen im Griff und das Sagen im Land hat, kann da nicht mehr angezweifelt werden.

Politiker sind in diesem Land eben nur ein ausführendes Organ. Das Sagen und die Macht liegen alleine und zu einhundert Prozent bei der Wirtschaft.

Das Glyphosat Ministerium

Oder haben wir uns da in der Überschrift geirrt? Es hat wohl doch etwas mit Umweltschutz zu tun. Aber aus rein wirtschaftlichen Erwägungen heraus kann nicht genau gesagt oder erkannt werden, was hierzulande denn den Vorrang bekommt. Nach langer öffentlicher Debatte wird eine Zulassung für ein giftiges Pflanzenschutzmittel dennoch verlängert.

Erst nach weiterem, massiven öffentlichen Druck kam eine neue, abgespeckte Lösung mit dem Verbot der Zulassung dieses Mittels ab einem festgelegten Zeitpunkt. Aber diese Regelung gilt ja nicht sofort und auch nicht europaweit. Dass uns Menschen im Land wieder etwas vorgegaukelt wird, konnten wir zu diesem Zeitpunkt nicht ahnen. Als Ersatz für dieses scheinbar nun bald aussterbende Gift wurden nach dem Verbot sehr schnell neue

Pestizide mit einer Zulassung am Markt
versehen. Es ist wohl kaum vorstellbar,
dass diese für Mensch und Umwelt
gesünder sein werden. Aber das spielt
hier ganz sicher eine untergeordnete
Rolle wie wir das aus der Vergangenheit kennen. Bis es entsprechende
Langzeitstudien über die neuen Gifte
und ihre Nebenwirkungen geben wird,
dauert es gemäß allgemein anerkann-
ten Vorschriften wieder einige Jahre,
bis sich in Sachen Umweltschutz etwas
neues tut. Und während dieser Zeit
rollt der Rubel für die Gifthersteller
kräftig weiter.

Den Weg für den Profit haben unsere
Politiker ja wie an anderer Stelle auch
geebnet. Umweltschutz soll ja auf dem
Papier etwas gutes sein und die anderen sollen auch aktiven Umweltschutz
betreiben, solange dieser nicht mit
wirtschaftlichen Interessen kollidiert.
Auch das damit verbundene Artensterben spielt dabei eine untergeordnete

Rolle. Momentan sind ja noch nicht alle Arten ausgestorben und Bestäuber wie die Bienen gibt es ja noch. Also machen wir so weiter, und zwar frei nach dem Motto–nach uns die Sintflut, was interessieren uns schon nachfolgende Generationen.

Glaubwürdigkeit. Wo bist du?

Was ist eigentlich Glaubwürdigkeit in
der Politik und wie erreicht man Sie?
Bevor wir darauf eingehen zuerst ein
paar grundlegende Sachen. Politik an
sich ist ein dreckiges, sehr undank-
bares Geschäft. Dies gilt auf allen
Ebenen der Politik, angefangen auf
kommunaler Ebene in einer dörflichen
Gemeinschaft die einen neuen Bürgermeister braucht.

Wer will das denn noch machen? Aber
gehen wir der Reihe nach vor. Selbst
hier als kleiner Bürgermeister sitzt man
von Anfang an zwischen den Stühlen.
Auf der einen Seite ist die Verantwortung zusammen mit dem Gemeinderat
den Einwohnern gegenüber. Auf der
anderen Seite sieht man sich als
immerfort während Bittsteller den
Behörden gegenüber. Und das bei
Zuschüssen, preiswerten Krediten und
vielem anderen mehr. Hier muss der

Amtsinhaber sein verantwortungs-
bewusstes Handeln den Bürgern
beweisen. Wenn er als Bittsteller bei
Behörden auftritt braucht er sehr gutes
diplomatisches Geschick bei anstehenden Verhandlungen. Das ist alles
nicht einfach und es gibt mehr Rück-
schläge als Erfolge. Aber genau aus
diesem Handeln heraus entsteht die oft
vermisste Glaubwürdigkeit.

Denn dieser Entstehungsprozess ist
sehr langsam und bildet sich nicht von
Heute auf Morgen. Das Vertrauen der
Bürger in den Bürgermeister muss
durch sein Handeln bestätigt werden.
Und ist sein Tun so dass es zum Wohle
der Kommune und den Bürgern
geschieht, dann entsteht Glaubwürdigkeit. Wenn diese dann einmal da ist,
kann man allgemein behaupten, dass
sie hart erarbeitet wurde. Um sich den
Erhalt der Glaubwürdigkeit zu sichern
müssen die Bemühungen und Anstren-
gungen weiter andauern. Dadurch ent-

steht gegenseitiges Vertrauen und Glaubwürdigkeit in einem. Dieses Beispiel ist auf alle politischen Ebenen übertragbar, und zwar ist es dabei gleichgültig ob wir uns im Kreistag des Landkreises oder dem Landtag des Bundeslandes befinden. Das aber ist etwas das wir auch unseren Politiker/innen im Bundestag wieder in Erinnerung bringen sollten.

Dies erscheint zwingend notwendig, weil allgemein der Eindruck erweckt wird, dass Sie dies vollkommen vergessen haben. Da dies alles vernetzt und untrennbar miteinander verbunden ist, funktioniert dieses System nur dann, wenn es auf allen Ebenen identisch aufgebaut ist. Grundsätzlich war das auch so. Nur ist es mittlerweile in extreme Schieflage geraten. Der Auslöser sind sogenannte äußere Einflüsse. Wir müssen dabei etwas ausholen und erklären, dass gerade Bundestag, Landtage sowie die Kreistage meistens

davon betroffen sind. Auf diesen
Ebenen spielen mehr oder weniger
unternehmerische Einflüsse zwischenzeitlich das Zünglein an der Waage.
Das benötigte Gleichgewicht ist sehr
sensibel und damit genauso schnell in
Schieflage. Bei kleinen Kommunen
kann man dies in dörflicher Gemeinschaft eher mit beeinflussen.

Größere Städte obliegen denselben
Gesetzmässigkeiten wie beispielsweise
der Bund. Es ist durchaus denkbar dass
Politik beim Bund, wo Glaubwürdigkeit
generell nicht mehr vorhanden ist, sich
grundlegend von Politik und Glaubwürdigkeit auf Landesebene unter-
scheidet. Der Autor fügt als Beispiel
hier die Grünen in Baden Württemberg
an die gute Politik im Land machen.
Dasselbe traut er Ihnen auf Bundesebene nicht zu, weil die Prioritäten
offensichtlich anders gesteckt sind. Das
alles ist den Bürgern mit gesundem
Menschenverstand durchaus bewusst.

Bei unseren Politikern bestehen hierbei berechtigte Zweifel an deren Kenntnis, ihrer Qualifikation und dem notwendigen Verantwortungsgefühl.

Befangenheit. Unterschiedlich betrachtet.

Betrachten wir die Justiz in unserem Land und Presseberichte genau, dann kommt es immer wieder vor, dass gelegentlich Personen für befangen erklärt werden. Es darf ja auch nie ein Polizeibeamter in einem Fall ermitteln, in den ein Familienmitglied eventuell verstrickt ist. Dies gilt in der Regel auch bei allen anderen Behörden, die innerhalb des Justizsystems tätig sind.

Bei öffentlich rechtlichen Institutionen scheint das etwas anders zu sein. Und dies gerade dann, wenn das höchste deutsche Gericht mit involviert ist. Verstehen müssen dies die Bürger zwar nicht aber diese Frage sollte berechtigterweise gestellt werden. Wir nennen dann hier einmal den Sachverhalt. Die uns allen zum Hals heraushängende Rundfunkgebühr ist die Wurzel allen Übels. Die frühere GEZ (Gebühreneinzugszentrale) war hierfür verantwortlich, dass das Geld eingezogen wurde. Dafür musste man scheinbar lückenlose Voraussetzungen schaffen. Ein ehemaliger Verfassungsrichter hat das System entwickelt und in Gesetzesform gebracht, wenn man hier den Medien glauben darf. Es kam irgendwann, was endlich kommen musste. Und die Menschen zuhause, die alle zahlten, rieben sich die Hände. Es wurde nach langen Jahren eine bestimmte Hoffnung in uns Bürgern geweckt.

Schließlich stand die Rechtmässigkeit der Gebühr beim Verfassungsgericht auf dem Prüfstand. Alle dachten, dass diese absurde Gebühr nun verschwinden würde. Und das obwohl öffentlich Bedenken geäußert wurden, dass es Erfolg haben wird. Dass die beiden Brüder wo einer das Gutachten verfasste und der andere die Verhandlung dagegen leitete, nicht gegen sich selbst entscheiden, würden war sicher jedem in diesem Land klar. Und so haben uns die Gebrüder Kirchhof diese Gebühr langfristig erhalten. Da fragt man sich als rechtschaffener Bürger natürlich berechtigterweise, ob das mit rechten Dingen zugeht. Überall hätte es hier Anträge auf Befangenheit gehagelt aber bei unseren obersten Richtern traut sich dies wohl niemand. Das nur so am Rande erwähnt. Hörte man nach diesem vorher festgestandenen Urteil, die Leute im persönlichen Gespräch, dann kam immer dieselbe Antwort.

Das Urteil stand schon vor der Verhandlung fest, oder eine Krähe hackt der anderen kein Auge aus. Andere Verlautbarungen bekam man nicht zu hören. Und dies sind so kleine Beispiele, wo Zweifel am Rechtsstaat wach werden.

Profitgedanken und Gleichheit vor dem Gesetz

Seit einiger Zeit kochen einige europäische Staaten ja ihr eigenes Süppchen, was Grenzkontrollen betrifft. Dadurch ist der Zustrom neuer Asylsuchender scheinbar etwas gesunken. Scheinbar deswegen weil aufgrund uns allen bekannten Umständen Umfragewerten und veröffentlichten Statistiken in diesem Zusammenhang mit Vorsicht begegnet werden muss.

Ein gesundes Maß an Misstrauen der allmächtigen Staatsmacht gegenüber ist in den heutigen Zeiten durchaus berechtigt. Rückläufige Zahlen schmälern aber den Profit der Wirtschaft, welche kräftig an den Flüchtlingsströmen mitverdient. Und beinahe passend zur gleichen Zeit kommt die Diskussion über den Familiennachzug auf den Tisch. Dieser Familiennachzug würde den Profit, der gerade verlorengeht natürlich wieder ausgleichen. Zumindest anteilig, je nachdem ob es da Regulierungen gibt oder auch nicht. Die dann beschlossenen Obergrenzen für Familiennachzug, der nicht für jeden Verwandtschaftsgrad gilt, sollten den Zustrom neuer Asylsuchender in unser Land regulieren. Wie wir zwischenzeitlich wissen, wird diese Obergrenze seitens unserer Regierung genauso inkonsequent eingehalten wie viele andere Versprechungen auch. Aufgrund gewisser immer wieder aufkeimender Widerstände nicht nur bei uns im Land, musste eine Ersatzlösung für eventuell sinkende Asylbewerberzahlen gefunden werden. Und das hat man länderübergreifend nun auch geschafft. Die neue Lösung nennt man nun Migrationspakt. Auf diese Weise kann ohne großen Aufwand eine Umverteilung innerhalb Europas stattfinden, ohne dass der Bürger etwas mitkriegen muss.

Dies ist natürlich genau im Sinne der Wirtschaft um ihre neue Geldquelle am Laufen zu halten. Und eine Änderung welche auch im Sinne von uns Menschen im Land zu sein scheint, ist nicht in Sicht. Aber das ist ja nichts Neues, wenn man die vergangenen Jahre betrachtet. Es sei was die Zustände im Land betrifft eine weitere Frage erlaubt. Wie sieht es eigentlich mit der Gleichheit vor dem Gesetz aus? Wie wir aus der Vergangenheit wissen, können selbst geringe Steuerschulden eines Durchschnittsbürgers dazu führen, dass dieser in Haft kommt, wenn er seiner Zahlungspflicht nicht nachkommen kann. Nehmen wir da als Vergleich nur ein Beispiel aus dem Jahr 2018. Ein Flüchtlingshelfer wird in einem Stadtpark mit sechs Messerstichen niedergestreckt. Ein schreckliches Verbrechen. Und aufgrund der Anzahl der Messerstiche käme kein Bürger mit gesundem Menschenverstand auf die Idee, dass die Justiz hier mit einem Verbrecher nachsichtig umgehen muss.

Aber die Urteile haben sich seit dem Beginn der ersten Flüchtlingsprozesse auch sehr verändert. In einem solchen Fall bekommt man heute, wie wir aus diesem Prozess hier wissen nicht einmal eine Mordanklage bei sechs Messerstichen. Und die Variante Freispruch für ein Tötungsdelikt ist auch neu. Das gab es früher auch nicht. Was sollen wir Menschen im Land also denken. Dass die Justiz neutral und unvoreingenommen alle Menschen im Land gleich behandelt wie es das Gesetz vorsieht. Oder stehen wie in diesem Fall die Rechte Einzelner über denen von Vielen anderen? Dies soll keine Behauptung sein. Jedoch ist es eine in der aktuellen Zeit sehr berechtigte Frage, die man unseren Politikern stellen muss. Und es ist davon auszugehen, dass dann, wenn eine solche Frage an einen Politiker gestellt wird,

er keine zufriedenstellende, glaub-
würdige Antwort geben kann.

Es sei also erlaubt in bestimmten
Fällen, die sich ja vermehrt zeigen, am
Rechtsstaat und der Gleichheit vor dem
Gesetz zu zweifeln.

Die Gesellschaft in der Neuzeit

Heute haben wir eine Politikverdrossenheit, wie wir diese bisher nicht kannten. Die Menschen im Land haben die Schnauze voll davon jeden Tag aufs neue die rhetorisch inhaltslosen Reden unserer Politiker anhören zu müssen. Zum einen sind diese meist ohne jegliche sachbezogene Aussage, aber sie sollen natürlich auch von tatsächlichen Problemen ablenken.

Schließlich hat die Politik weder konstruktive Lösungsansätze noch umsetzbare Vorschläge. Über mehrere Legislaturperioden hinweg hören wir leere Sprüche ohne Sinn und Verstand, sobald es um wichtige Inhalte auch im Interesse der Bürgerinnen und Bürger geht. Aufgerissene Gräben innerhalb des Landes, welche die Bevölkerung spalten, sind für die Regierenden ohne jedes Interesse. Es wird eher noch Öl in das Feuer gegossen, wenn es um

Diskussionen über Armut auf der einen, und Steuererleichterungen für Großunternehmer auf der anderen Seite geht. Für Steuererleichterungen ist scheinbar immer Geld vorhanden.

Aber die zu niedrigen Regelsätze im Sozialsystem und das Rentenniveau für die Menschen im Land in erträglicher Höhe zu setzen, das geht beileibe nicht. Diese benötigten Mittel, die einen Bruchteil, dessen ausmachen würden, was dem Geldadel gewährt wird, sind einfach nicht vorhanden. Und diese Dinge wie vieles andere mehr kann dem Wähler und Steuerzahler nicht mehr glaubhaft vermittelt werden. Aber auch bei der Entwicklung von Kindern und Jugendlichen sehen wir gravierende Unterschiede zu den vergangenen Jahrzehnten. In der zweiten Hälfte des vergangenen Jahrhunderts wurden nach dem letzten Krieg alle Kinder zur Selbstständigkeit erzogen. Betrachten wir die Generationen von Kindern nach der sogenannten Jahrtausendwende sieht es komplett anders aus. Im Gegensatz zu früher werden bei kleinsten Auseinandersetzungen schon Anwälte bemüht. Aber beginnen wir mit den Kindern. Es wird momentan, so hat es zumindest den Anschein, eine Generation von Unselbstständigen beziehungsweise Unfähigen herangezogen.

Das beginnt mit den neuzeitlich ausgedrückt Helikoptereltern. Sie möchten ihren Nachwuchs bereits im Kindergarten am liebsten bis an ihren Platz in der Gruppe begleiten. Sie trauen ihren Kindern nicht das geringste zu. Und den Betreuern oder Erziehern trauen Sie genauso wenig. Dies setzt sich dann im Schulalter fort. Obwohl es Busfahrpläne gibt, muss man die lieben kleinen mit dem Auto zur Schule fahren und komplette Straßenzüge zuparken. Aber an der Schule einfach absetzen alleine reicht nicht. Am besten man trägt das Pausenbrot bis ins Klassenzimmer und hilft dabei die Jacke des Kindes auszuziehen und korrekt an die Garderobe zu hängen. Eigenverantwortliches arbeiten, wie man das den Kindern früher beigebracht hat, ist unerwünscht. Dem eigenen Nachwuchs wird nichts zugetraut. Nebenbei möchte man so gerne den Lehrern erklären, wie sie ihren Unterricht abzuhalten haben. So und ähnlich ist es auch auf die Freizeit übertragbar.

 Kinder können nicht alleine zur Post oder zum Fußball, das Elternduo muss alles durchorganisieren und auch kontrollieren. Dies trifft zwar nicht auf alle Eltern mit ihren Kindern zu, der Anteil ist aber mehr als besorgniserregend. Wie sich dies fortsetzt, sieht man dann bei Jugendlichen. Der einzige Kommunikationspartner ist das Handy. Soziale Kontakte außerhalb des Webs sind Mangelware. Unfähig ein persönliches Gespräch zu führen sucht man sogenannte soziale Kontakte über die Tastatur und den Bildschirm. Politisches Interesse ist eher Mangelware. Es ist die Zeit des Schubladendenkens. Aus politischer Sicht ein voller Erfolg. Eine neue Generation, die nichts hinterfragt, also nichts differenziert betrachtet, ist das, was die Politik braucht.

Es sind die neuen, künftigen braven Schafe, denen man alles erzählen kann, ohne dass kritische Rückfragen kommen würden. Ansonsten ist das Ellenbogendenken so ausgeprägt wie noch nie. Auch hat man in vielen Berei-chen den Eindruck, dass sich die Gesellschaft nicht weiter entwickelt. Bei genauer Betrachtung ist eher eine rückwärtige Entwicklung zu betrachten. Das schafft innerhalb der Erwachsenen-generation genauso viele gehorsame Schafe, die der Politik durchaus gelegen kommen. Es wird deswegen auch nichts wirklich Tiefgreifendes dagegen unternommen. Das installierte

System des bedingungslosen Gehorsams funktioniert nur auf diese Weise. Und greifen wir an dieser Stelle wieder die aus politischer Sicht unerwünschte Differenziertheit auf. Menschen oder auch Bürger die alles differenziert betrachten oder hinterfragen, fallen bei der Auswahl gehorsamer Schafe komplett als unbrauchbar durch.

Sie hemmen das System oder bringen es sogar zu Fall, wenn alle Menschen die differenzierte Betrachtung und Beurteilung wieder für sich entdecken.

**Wahlkampfgeplänkel, Wählbarkeit, quali-
fiziertes Handeln.**

Wir kennen das von früheren Wahlen
her, dass der eigentliche Kampf um die
Wählergunst schon ein Jahr zuvor
beginnt und strategisch vorgegangen
wird, um mit scheinbar wichtigen
Inhalten zu glänzen. Das nennt man
dann das Wahlprogramm, welches in
der neuen Legislaturperiode umgesetzt
werden soll. So war dies zumindest in
der Vergangenheit der Fall.

Aber heute ist eben alles anders. Wir
schreiben nun das Jahr 2019 und die
aktuelle Regierung ist seit einem vollen
Jahr im Amt. Es könnte bereits länger
der Fall sein, aber der Egoismus und
die Selbstherrlichkeit einiger Politiker
ließen eine Regierungsbildung sechs
Monate lang andauern. Für die Menschen im Land ist nichts wirklich
produktives erkennbar, das die Politik
in diesem einen Jahr geleistet hat.

Absolut inhaltlose Vorschläge oder Äußerungen, sei es aus dem Wirtschaftsministerium oder von anderer Stelle tragen zur scheinbaren Volksbelustigung bei. Aber eben nur scheinbar, denn zum Lachen ist den Wählern schon lange nicht mehr. Das Ausmaß der Peinlichkeiten, die uns aufgetischt werden, nimmt wohl nie ein Ende.

Und es werden uns unzählige Beispiele von Steuerverschwendung frei Haus geliefert. Nehmen wir einmal den letzten Vorfall eines liegengebliebenen Flugzeuges der Bundeswehr. Anstatt den Heimflug Erster Klasse mit einer Linienmaschine anzutreten, lässt sich der betroffene Minister standesgemäß mit einer anderen Maschine abholen, und verballert damit dreihunderttausend Euro an Steuergeldern. Reden wir hier etwa von Sinn und Verstand? Doch wohl eher nicht. Wenn es für uns Wähler darum ginge, unsere Stimme zu vergeben sahen wir das nie als ein-

fach an. Kompromisse waren vor-
programmiert. Wir haben uns das
Wahlprogramm der zur Verfügung stehenden Parteien angesehen. Um mit
ruhigem Gewissen unsere Stimme
abgeben zu können, haben wir diese
Partei für uns ausgesucht, welche
unseren eigenen politischen Vorstellungen am nächsten kam.

Das war nie einfach, aber die zur Wahl
stehenden Parteien hatten alle ein Kon-
zept, an das man sich halten konnte.
Aus dieser Wahlentscheidung bildeten
sich in der Vergangenheit dann die
einzelnen Regierungen. Wie immer war
natürlich nicht alles machbar, weil aus-
sen- und innenpolitsche Zwänge bei
Regierungskoalitionen Kompromisse
erforderlich machten. Heute ist dies
scheinbar alles anders. Parteiübergreifend ist der Bürger nicht in der Lage
bei einem Politiker und seiner Partei ein
nachvollziehbares Programm oder eine
politische Strategie für eine anstehende

Legislaturperiode zu erkennen. Die Menschen auf der Straße oder zuhause reden von komplett sinnfreiem Handeln in der Politik. Und aufgrund dieser realitätsfremden Handlungsweise ist bei den meisten unserer Politiker/innen auch keine wirkliche Qualifikation für ihr Tun erkennbar. Im privaten Umfeld unter zwei oder mehreren Bürgern die so handeln wie es Politiker tun, würden wir von ausgeprägter geistiger Armut reden. Und als Entschuldigung käme dann, dass dies wenigstens etwas ist, wenn man außer der geistigen Abstinenz sonst schon nichts besitzt.

Dies ist zwar nicht unbedingt höflich ausgedrückt, aber was hat Höflichkeit bei den politischen Zuständen in diesem unserem Lande noch zu suchen. Die Zeiten der Höflichkeit und der Schonfrist sind endgültig vorbei. Aber auch weitere Beispiele zeigen die abstrakten großteils nicht nachvollziehbaren Veränderungen in Politik und

Gesellschaft. In dieser ach so modernen und sich schnell verändernden Welt diskutieren wir über noch zeitgemäße Fastnachtskostüme unserer Kinder, und finden das Tragen einer Burka weltoffen und zeitgemäß.

Bei daraus resultierenden Diskussionen müssen wir uns fragen, ob das Land und seine Bewohner nicht wichtigere Dinge zu bewältigen haben. Aber auch wenn Parteien nicht in der Regierung sitzen möchten diese als Opposition oder mögliche künftige Regierungspartner gerne mitreden. Vor unqualifizierten Äußerungen zu Sachthemen oder an den Haaren herbeigezogenen politischen Vorschlägen sind Regierungspartner und Bürger deswegen noch lange nicht geschützt. Dies nimmt gerade bei einer Partei in letzter Zeit rapide zu, die farbige Aspekte in ihrem Namen trägt. Zum einen trägt diese Partei als Oberbegriff mittlerweile den Titel Verbotspartei. Sie hat eine ellenlange Liste geplanter Verbote aber kein real umsetzbares und auch sinnvoll nachvollziehbares Parteiprogramm. Die Frauenquote ist dort zwar allem Anschein nach berücksichtigt, aber die Fähigkeit sachlicher Diskussion und das Vorbringen real umsetzbarer politischer Vorschläge ist eher Mangelware.

Also ist das momentan beste Mittel in Wählerumfragen aufzusteigen, dass man unqualifizierte Äußerungen anderer Parteien betont, ohne wirklich eigene sachlich fundierte Lösungen anzubieten. Und das bei einer Partei, die den ökologischen, die Natur schützenden Sachthemen ihr Hauptaugenmerk gibt. Aber dabei verliert sie komplett aus dem Auge, dass ein die Zukunft bestimmendes von ihr bevorzugtes Elektrofahrzeug Umweltzerstörung globalen Ausmaßes mit sich bringt weil die benötigten Rohstoffe erst mit großem Aufwand gewonnen werden müssen. Der Gewinn dieser Rohstoffe ist zwar mit globaler Umweltzerstörung verbunden, aber diese Zerstörungen sind eben anderswo und fallen deswegen aus dem eigenen Blickfeld oder der Zuständigkeit. Aus dieser Sicht sind die Grünen eine Partei, die ihre Vorsätze verrät und überhaupt nicht wählbar ist. Aber auch das ist die subjektive Sicht derer, die alles differenziert betrachten. Letztendlich müssen wir als Menschen im Land heute ernsthaft fragen, wer überhaupt noch die Stimme des Wählers verdient.

Und hier beginnt dann das eigentliche Problem. Streng genommen ist aktuell keine der existierenden Parteien mehr wählbar. Nur müssen wir und darüber im klaren sein, dass nicht wählen zu gehen noch größere Folgen hat. Wir akzeptieren damit alles politisch Undenkbare, welches uns eventuell beschert wird, und verlieren jedes Recht zu meckern. Anstehende Wahlen gehören deswegen auch immer zu den

Dingen, die wir differenziert betrachten müssen. Sich also überhastet als Nichtwähler zu entscheiden oder aus Gewohnheit immer derselben Partei die eigene Stimme zu geben wäre sicher nicht zielführend.

Abschieben, zurückholen, straffrei bleiben und uns kulturell anpassen.

Wie wir Menschen im Land seit Anfang des Jahres 2016 beobachten dürfen ist es leichter, wegen mehrfachem Ladendiebstahl ins Gefängnis zu kommen, wie als abgelehnter Asylbewerber abgeschoben zu werden. So ist es jedenfalls in der Bundesrepublik Deutschland.

Hierbei spielt es absolut keine Rolle, aus welchem Land die abgelehnte Person stammt. Das Rechtssystem, so man es überhaupt noch als solches bezeichnen darf, treibt schon seltsame Blüten. Die möglichen Rechtsmittel die durch abgelehnte Asylbewerber eingelegt werden können, verhelfen selbst dem miserabelsten Anwalt zu einem sicheren Einkommen. Das hierfür zuständige Sozialrecht, das auch für Hartz IV Empfänger greift, bietet unzählige Möglichkeiten. Alle hier entstehenden, genau genommen unnötigen Kosten trägt die Staatskasse. Das heißt genau genommen der Steuerzahler. Abschiebungen werden dort auf sehr geschickte Weise unterbunden. Bei uns in der Bundesrepublik klappt nämlich das, was es in keinem anderen Land der Erde gibt.

Der abgelehnte Asylbewerber kann und darf gegen seine Abschiebung klagen und wir haben sogar Politiker im eigenen Land, welche die Rechte dieser benachteiligten Menschen nicht ausreichend berücksichtigt sehen. Man muss das Gesetz oder dessen Lücken nur genau kennen, um alle möglichen Rechtsmittel bis zum Anschlag ausschöpfen zu können. Alles das bezahlen wir Steuerzahler. Nur was ist am Ende mit uns selbst? Genau da zeigt sich die andere Seite des Sozialsystems. Wir hatten ja jahrzehntelang alles kaputtgespart und zahlreiche Hilfestellungen, Gelder und sonstige Zuschüsse abgeschafft. Es war also kein Geld für die Bedürftigen im eigenen Land da. Das sieht man täglich an der stetig steigenden Armut bei uns hier zuhause. Aber brauchen Asylbewerber eine Unterstützung, dann tun sich Kassen auf und das Geld sprudelt. Neuerdings gibt es auch eine Erhöhung des Taschengeldes für Asylsuchende. Taschengeld?

Also keine Sachleistungen wie in anderen Ländern Europas. Bei uns sprudelt es aus Kassen, die immer dann leer sind, wenn hier einheimische Bürger in die Bedürftigkeit abrutschen. Bitte nicht aufregen. Das ist nur eine Sozialleistung, die es seit der Flüchtlingskrise gibt. Nur woher dieses sprudelnde Geld plötzlich kommt, erklärt uns keiner. Und bitte differenziert hier auch. Es dürfen ja nicht alle Asylbewerber über einen Kamm geschoren werden. Es geht hierbei nicht um diese, welche unserer Hilfe bedürfen. Gemeint sind nur die, welche keinen berechtigten Anspruch auf Asyl haben und dennoch zulasten der Steuerzahler in unserem Land verbleiben dürfen. Und genau hier reden wir dann wieder über die staatlichen Presseorgane der Radio- und Fernsehsender. Wenn als Beispiel zwanzig bis dreißig abgelehnte Asylbewerber mit dem Flugzeug abgeschoben werden, dann zieht dies eine Welle der Berichterstattung hinter sich her, die eine komplette Woche andauern kann. Über zehntausende und mehr abgelehnte Asylbewerber die geduldet werden und von unserem Staat regelmässig Geld und Wohnstatt gestellt bekommen, reden diese Presseorgane keinen Ton.

Es ist nicht einmal eine Randnotiz in der Berichterstattung wert. Und das nennen wir dann freie und unabhängige Medienberichterstattung. Und was machen wir mit denen, die kein Mensch haben will und unsere Kultur zutiefst verachten, wie Sie das öffentlich zugeben. Wir machen das, was ein paar ausgebuffte Politprofis die künftig gerne mitregieren wollen, veranlassen. Sie sind immer diejenigen, die ihre Frauenquote hochhalten und laut schreien, weil Sie die Lücken in den eigenen Gesetzen besser kennen als ihre eigene Westentasche.

Aufgrund diverser Lücken im Justiz, und Gesetzesapparat müssen wir dank Ihnen und wieder zu Lasten der Steuerzahler ein Flugzeug schicken, um abgeschobene Asylbewerber wieder ins gelobte deutsche Land zurückzuholen, wo für Sie Milch und Honig fließt. Ob Sie dann Milch und Hong tatsächlich mögen ist nicht wichtig. Auf jeden Fall bekommen Sie bei uns all das, was es nirgendwo anders frei Haus gibt. Und was ist mit den Straftätern unter Ihnen? Ach ja, das Thema hatten wir vorab am Rande schon einmal all-gemein behandelt. Aber gleichgültig ob

anerkannter oder abgelehnter Asylbewerber, die Nachgiebigkeit des
Gesetzes und dessen Lücken kommen
hier voll zur Geltung. Als Einheimischer
der hier geboren wurde, kann man nur
noch staunen und bleibt gelegentlich
sprachlos mit offenem Munde stehen.
Dass eben spätestens dann, wenn die
oben genannten Medien wieder unaufhörlich und mit Nachdruck über scheinbar ungerecht behandelte Gäste unseres Landes berichten. Gäste?

Ja wenn dem so wäre! Als Kinder lernten wir schon, dass wir uns im Ausland
den dortigen Gegebenheiten anzu-
passen haben, wenn wir dort zu Gast
sind. Das gilt für fremde Kulturen als
auch für die jeweils geltenden Gesetze
des bereisten Landes. Hierzulande ist
das alles mittlerweile anders, wenn es
nach den momentan regierenden Parteien geht. Betrachtet man Interviews
und Zeitungen genau und differenziert,
dann sollen wir uns den Gästen aus

aller Herren Länder anpassen, deren
Kultur übernehmen, und gleichzeitig
akzeptieren, dass wir nun ein Teil von
Ihnen sind. Das mag hart klingen,
jedoch lassen die momentanen Berichterstattung in den Medien und die
unsachlichen und unqualifizierten Verlautbarungen unserer Politiker keine
anderen Schlüsse zu. Und die Ursachen
hierfür liegen in der Hauptsache bei der
Ungleichbehandlung unserer Bürgerinnen und Bürger im Land.

Soziale Kälte, Arroganz und Skrupellosigkeit.

Wir kennen das ja bei jeder neuen Regierung, dass nach Ablauf des ersten Jahres seitens der Politik das Leistungsniveau und der bisherige Erfolg in Regierungsdingen abgefragt wird. Also was wurde uns Gutes angetan und wo fehlen geplante Veränderungen, beziehungsweise wo muss nachgebessert werden.

Diese Einschätzung kommt auch seitens des Wählers genauso wie die Selbsteinschätzung der aktuellen Regierung. Und im Laufe wechselnder Regierungen über einige Jahrzehnte erhält der Bürger dann schon Vergleichswerte unterschiedlicher Regierungen von dem was diese geleistet haben. Dass Politik ein schweres Geschäft ist, wissen wir alle, nur eben an der Bewältigung schwieriger Inhalte werden Regierungen gemessen. Seit es die sozialen Medien gibt, müssen Parteien natürlich auch dort vertreten sein. Und wir Bürger vergleichen gemachte Postings der scheinbaren Politprofis mit ihren erbrachten Leistungen. Nur das was wir Menschen im Land momentan erleben seit die 2018 vereidigte Regierung an der Macht ist, gab es in diesem Ausmaß noch niemals davor. Das Tagesgeschehen wird überschattet von einer maßlosen Arroganz und Disziplinlosigkeit, die ihresgleichen sucht.

Die Selbstbeweihräucherung hat vor allem anderen Vorrang. Was wir lesen müssen sind Berichte über andauerndes Eigenlob in einer noch nie zuvor da gewesenen Form. Zeitgleich fragen wir uns, was diese Regierung überhaupt geleistet hat. Aus der rein subjektiven Einschätzung der meisten Wähler ist das rein gar nichts, was unsere wirklichen Probleme im Land betrifft. Es gab keinerlei wirksamen Versuche oder gar Umsetzungen wie man nachhaltig die geschaffene Armut im Land bekämpft. Es gab auch keinerlei Verbesserungen die uns alle bekannte Flüchtlingsproblematik in funktionierende geregelte Bahnen zu leiten, damit bereits vorhandene Strukturen auch endlich einmal greifen. Zwischen Theorie und wirklicher Umsetzung seit Jahren andauernder Probleme bestehen ja bekanntlich Unterschiede. Bei dem was wir Menschen im Land diesbezüglich von unserer aktuellen Regierung alles ertragen müssen, stellt sich natürlich auch die Frage nach dem Leistungspotential unserer Politiker.

Hat Sie diese Kompetenz überhaupt und weiß dies aber nicht umzusetzen. Oder hat Sie dieses Potenzial einfach nicht und klammert sich ausschließlich an den Amtssessel, um die aktuelle Legislaturperiode zu überstehen? Genau wissen wir das nicht. Es ist aber wohl eher eine Mischung aus mehreren Faktoren. Was wir der aktuellen Regierung jedoch bescheinigen müssen ist folgendes. Noch niemals zuvor war

in der Bundesrepublik der Lobbyismus
so ausgeprägt. Es hat für die Menschen
im Land den Eindruck, dass unsere
Regierenden Parteien an Schlüsselpositionen beinahe ausschließlich aus
Lobbyvertretern besteht. Die Politik
dieser Regierung beabsichtigt die
Abschaffung des Nationalstaats. Durch
die schon angesprochene Machter -
weiterung innerhalb der Europäischen
Union schaffen wir uns als eigener
selbstbestimmter Staat ab.

Die Demokratie, der Sozialstaat und
der Rechtsstaat funktionieren im
Nationalstaat besser als in der
Europäischen Union an die man uns
gerade verkauft. Ich zitiere ich Herrn
Professor Andreas Nölke aus seinem
Interview mit der Zeitung die Welt. In
der Tat gibt es unterschiedliche
Motivationen, den Nationalstaat
hochzuhalten. Mir geht es nicht um die
Überhöhung der deutschen Kultur. Aber
der Nationalstaat hat als Sozialstaat die
Mittel zur Verbesserung der Lage der
Benachteiligten, und er ist die

weiterhin wichtigste Instanz zum Schutz von deren Freiheit und Sicherheit. „Zitat Ende"

 Wir haben in unserer Regierung die allseits hochgedienten unfähigsten Politiker, Sie hatten in jeder Regierung ein loses Mundwerk, ohne in der Lage zu sein, sich anhand konstruktiver Vorschläge so einzubringen, dass uns Bürgern auch nur im Ansatz Nutzen gebracht hätten. Und dann haben wir diejenigen unter den Politstrategen, die wohl etwas zustande bringen könnten, wenn Sie hierzu noch in der Lage wären. Das sind Sie aber nicht mehr, weil ihre Verstrickungen mit dem mächtigen Kapital im Land solche Ausmaße angenommen haben, dass ihnen die Hände gebunden sind.

Die Menschen im Land wurden von dieser Regierung unter Federführung von Frau Merkel verraten und verkauft. Und um den Nationalstaat aufrecht zu erhalten, müsste auch eine andere Flüchtlingspolitik her. So wie diese im Moment gestaltet ist, wird ausschließlich die Zuwanderung armer und auch beruflich unqualifizierter Menschen gefördert. Hier zitiere ich gerne Frau Sarah Wagenknecht. Sie meint auch, dass aus den Flüchtlingsländern nur die dortige Mittelschicht flüchtet. Diese haben das Geld die Schlepperbanden zu bezahlen. Die wirklich armen Menschen dieser Länder flüchten nicht zu uns, da Sie dies nicht können. Daher wird die momentan praktizierte Flüchtlingspolitik, die Zustände in der Zukunft noch verschlimmern meint der Autor. Um in den Themen Armut oder Flüchtlingsproblematik aber etwas zu verändern, muss vor allen Dingen die Macht des Kapitals beschnitten werden. Dessen Einfluss muss sinken, da die Großunternehmen an den Flüchtlingen mitverdienen und Armut im Land zu großen Teilen auf die neoliberale Politik zurückzuführen ist.

Diese Politik wurde aber speziell auf die Großunternehmen und ihre Vorteile zugeschnitten, als man diese eingeführt hat. Gibt es dort keine Veränderungen, dann verstärkt sich die Armut in Zukunft sogar noch. Viele Menschen im Land wissen das. Also müssen es auch regierende Politiker in ihren Parteien wissen. Und das tun Sie auch. Da trotz aller diesbezüglichen Kenntnis unserer Politiker keine Änderungen herbeigeführt werden ist die Sache klar. Diese Regierung ist das Kälteste, das wir aus rein sozialer Sicht jemals in diesem Lande hatten. Nur auf sich bedacht und die eigenen Vorteile fokussiert, erleben wir tagtäglich das unerträgliche Gesülze von Eigenlob und Selbstbeweihräucherung.

Es ist beinahe schon ekelerregend, dies als Mensch, Bürger und Steuerzahler jeden Tag erneut anhören oder lesen zu müssen. Betrachten wir das erste Regierungsjahr ab März 2018 rein sachlich und objektiv so ist das mit Abstand die schlechteste Regierung, welche die Bundesrepublik Deutschland je gesehen hat.

Personaldiskussionen und Volksverdummung auf höchstem Niveau im Jahr 2019

Wir haben das Jahr 2019 und die Europawahl ist um. Wie sich auch hier sehr deutlich zeigt spielen die Menschen auf diesem Kontinent weniger als eine untergeordnete Rolle. Nachvollziehbare politische Inhalte sind Partei und länderübergreifend nirgends zu sehen. Aus allen Ecken hören und lesen wir nur von Personalvorschlägen für politische Ämter im Inland und auch bei der EU in Brüssel. Wir können uns noch an Zeiten erinnern, wo gerade Kompetenz bei der Besetzung von politischen Ämtern seine sehr große Rolle spielte. Diese Kompetenz entschied dann darüber, wer den einen oder anderen Sessel im Parlament zugewiesen bekam.

Das alles änderte sich im Laufe der Zeit und immer mehr bekamen die Bürger den Eindruck, dass sehr ausgeprägte Inkompetenz bei der Neubesetzung von politischen Ämtern nicht unbedingt hinderlich war oder ist. Aber auch das hat sich mittlerweile verändert und das nicht unbedingt zum Guten. Betrachten wir die politischen Geschehnisse mitten im Jahr 2019 mit einer deutschen Regierung agierend ohne jeden Sinn und Verstand, dann sehen wir das neue politische Novum. Dies betrifft politische Veränderungen in Deutschland, und innerhalb der Europäischen Union in Brüssel.

Bei der Neubesetzung politischer Ämter gelten neue Regelungen. Es herrscht immer mehr der begründete Verdacht, dass bei der Auswahl von Kandidaten für politische Ämter die zuvor bereits erwähnte Inkompetenz eine Grundvoraussetzung ist, welche man für den Zuschlag in einem solchen Amt bereits mitbringen muss. Auf der reinen innenpolitischen Bühne sieht es keinesfalls besser aus. Eine Partei die Grünen hat es geschafft das Thema Weltklima für sich zu nutzen und in der Wählergunst extrem aufzusteigen. Das Thema Umwelt dient aber nicht dazu, etwas wirklich verbessern zu wollen. Es wurde genützt, um von vielen Problemen im eigenen Land abzulenken und den Fokus auch hier einzig auf die Personaldiskussion ohne begründet sachliche Inhalte abzuwälzen. Der Autor hat diesbezüglich die Führungsriege der Partei die Grünen angeschrieben und nach ihren Themen gefragt. Gezielte Fragen an diese Partei betrafen, deren Sozialpolitik mit der Bitte um sachlich argumentierte Hinweise für die Menschen im Land, welche auch noch für jedermann leicht verständlich sind.

Der Autor hat bis dato keine Rückmeldung seitens der Partei die Grünen erhalten und geht auch davon aus, dass er keine Antwort bekommen wird. Dies aber lässt dann nur den Schluss zu, dass diese Partei keinen Plan oder kein Interesse diesbezüglich hat und deswegen keine Stellung nehmen kann und wird. Es ist viel eher zu vermuten, dass die Führungsriege nach der nächsten Wahl eine

Regierungsbeteiligung möchte um sich selbst in der scheinbaren Macht zu sonnen. Der Bürger bleibt auch hier so wie bei anderen Parteien als überflüssiges Anhängsel auf der Strecke. Und hier ein paar Anmerkungen über ein Gespräch des Autors mit Leuten auf der Straße. Es kam unter anderen die folgende Aussage.

Wir müssen uns einmal überlegen, was auf uns für Änderungen zugekommen sind, wenn wir die letzten Jahre betrachten. Immer ging es um Energieersparnis, zuletzt dann das Verbot von Staubsaugern, die zu viel Strom brauchten und danach die Abschaffung der Glühbirne. Jetzt sollen wir alle E-Autos kaufen die nicht nur teuer, sondern auch umweltbelastend sind. Schließlich muss die Umweltzerstörung und CO_2 Belastung bei der Rohstoffgewinnung eingerechnet werden. Dann kommen uns die BÜNDNIS 90/DIE GRÜNEN als neue Verbotspartei mit der Abschaffung der Verbrennungsmotoren und Abschaltung der Kernkraftwerke, was weniger Strom bedeutet. Und den Strom aus der Steckdose für die geplanten nur noch E-Autos erzeugt dann wer? Wir nehmen an, das macht dann Herr Hofreiter von den BÜNDNIS 90/DIE GRÜNEN unterstützt von seinen Parteigenossen. Sollte seine eigene und die Schaffenskraft seiner innerparteilichen Kollegen für den Strombedarf der Elektroautos nicht ausreichen, dann können die Grünen ja Atomstrom aus unseren Nachbarländern dazu kaufen, wenn die im eigenen Land verfügbare Menge hierfür nicht mehr ausreicht.

Das ist auch eines der Themen, in dem Visionen mit der Realität aufeinandertreffen. Auf einen knallharten gemeinsamen Nenner gebracht wo wir beides miteinander ansprechen können ist folgendes Beispiel.

Wir nehmen einige realitätsfremde Politiker einer Partei, welche gerne Regierungsverantwortung übernehmen möchte. Diese bevorzugen Elektroautos und möchten den Verbrennungsmotor am liebsten sofort abschaffen. Dabei haben Sie offenbar nicht darüber nachgedacht, welche CO_2-Bilanz auf der sie so gerne herumreiten, bei der Gewinnung von benötigten Rohstoffen nicht erreicht wird. Ob es ansonsten noch Alternativen zu irgendwelchen schadstoffarmen Antrieben gibt, wurden überhaupt nicht in Betracht gezogen. Was hier zählt, ist wie in anderen Bereichen alleine die finanzierende

Lobby, die den passenden Minister installiert hat. Es gibt hier als steuerbegünstigte Alternative zwar Erdgasautos, aber diese Antriebsart hat keine eigene starke Lobby.

Die CO_2 Bilanz liegt beim Erdgasantrieb 23 Prozent niederer als bei herkömmlichen Antrieben. Die von Feinstaub liegt 98 Prozent darunter und der Stickoxidausstoß liegt 90 Prozent darunter. Alle Vergleichswerte beziehen sich auf eine Vergleichsstudie zur Abgasnorm Euro 6D Temp. Alternative Antriebe die keine eigene Lobby haben werden also auch von gegenwärtigen Ministern gerne vernachlässigt. Es gibt beinahe keinen Bereich, wo unsere Politiker nicht täglich nachweisen, dass Ihnen die Umwelt und die auf sie angewiesenen folgenden Generationen vollkommen egal sind, solange es mit dem Profit klappt. Dies gilt für den Umweltschutz in jeder Form.

Und was muss anders werden?

Genau hier liegt eines der Hauptprobleme in unserem Land. Es ist zwar vollkommen klar, was anders werden muss, nur wer beschneidet sich freiwillig seinen Handlungsspielraum? Das Kapital der Großunternehmer welche die Zügel der Macht voll im Griff haben, geben diese nicht freiwillig ab. Und die Einstellung der Politiker hierzulande ändert sich auch nicht freiwillig.

Dies würde bedeuten, sich auf die Menschen zubewegen zu müssen, um ihnen glaubhaft zu vermitteln, dass deren Bedürfnisse für Politiker wichtig sind. Die innerparteilichen Ziele müssten dem angepasst werden, um den Bürger aktiv in das zu verändernde politische Geschehen mit einbinden zu können.

Das alles sind Grundvoraussetzungen um langfristig wieder Glaubwürdigkeit im Land einziehen zu lassen.
Daraus resultierende und auch wirklich erforderliche Lösungsansätze sind nur dann machbar, wenn diese Grund-voraussetzungen geschaffen werden.

Lösungen oder Lösungsansätze.

Bei den Lösungsansätzen oder kon-
kreten Vorschlägen müssen wir berücksichtigen, dass diese beinahe alle
rechtlich abgesichert werden müssen.
Es gilt in erster Linie Gesetzeslücken zu
schließen und alles wasserdicht zu
machen, was die Bundespolitiker bisher
niemals geschafft haben. Da dies mit
sehr großem Aufwand verbunden ist,
und gesetzliche Änderungen bestimmter Mehrheiten bedürfen, ist das ein
sehr langwieriger Prozess, der hier auf
uns zukommt.

Es wird jedes einzelne Thema mit einer
Überschrift gekennzeichnet.

Strafrechtliche Altersanpassung

Aber beginnen wir der Reihe nach. Passend zur Volljährigkeit aller Bundesbürger im Alter von achtzehn Jahren muss diesbezüglich das Jugend- und Erwachsenenstrafrecht angepasst werden. Ab dem Zeitpunkt der Volljährigkeit muss das Erwachsenenstrafrecht gelten. Hier müssen wasserdichte Gesetzesänderungen gemacht werden.

Gleichheit vor dem Gesetz

Der im Grundgesetz verankerte Gleichheitsgrundsatz muss detailliert überarbeitet werden. Dieser ist wie die meisten Gesetze sehr schwammig formuliert und lässt zu viele Möglichkeiten der Auslegung zu, je nachdem, was eine Behörde gerade braucht. Eine strikte Anwendung muss immer und überall gewährleistet sein.

Klagerecht von Asylbewerbern.

Das Klagerecht gegen eine Abschiebung von abgelehnten Asylbewerbern muss aus dem Gesetzbuch ersatzlos gestrichen werden.

Das gibt es sonst nirgendwo auf der Welt und kann so nicht bleiben. Die Rechtmäßigkeit der Abschiebung abgelehnter Asylbewerber muss gesetzlich gesichert werden. Man kann die Notwendigkeit des Klagerechts auch keinem Bürger glaubhaft vermitteln.

Notwendigkeit eines Einwanderungsgesetzes

Wir brauchen in der Bundesrepublik ein Einwanderungsgesetz, das lückenlos alles regelt. Wer sich bei uns um Einreise bemüht und aufgrund seiner beruflichen Qualifikation eine Arbeit in Aussicht hat oder bereits besitzt, darf einreisen. Wer als Tourist kommt und Urlaub machen will, darf kommen. Er muss das Land aber spätestens nach einer festgesetzten Frist ohne eine begründete Verlängerung wieder verlassen. Wer hierzulande ein Aufenthaltsrecht genießt, wie das bei geduldeten Asylbewerbern der Fall ist, darf bleiben.

Jeder Anspruch auf staatliche Unterstützung erlischt sofort und unwiderruflich. Familiennachzug bewilligter Asylsuchender direkter Blutsverwandter ersten Grades soll erlaubt werden. Einzige Bedingung hierbei soll sein, dass sich die Angehörigen hier bei uns komplett selbst versorgen können. Einen finanziellen Anspruch auf Unterstützung haben nur die akzeptierten Asylsuchenden. Diese Unterstützung muss zeitlich begrenzt werden. Eine Einreise mit dem alleinigen Ziel, hierzulande vom Staat eine Unterstützung zu erhalten, muss ausgeschlossen werden. Diese gesetzlich geregelten Zuschüsse die momentan noch existieren müssen aus den Gesetzen ersatzlos gestrichen werden. Anspruch auf staatliche Gelder hat nur der, welcher einen bewilligten Asylbescheid hat. Die sogenannten sicheren Herkunftsländer müssen mehr Beachtung finden. Abgelehnte Bewerber aus diesen Ländern müssen ohne jegliches Bleiberecht sofort abgeschoben werden. Dies gilt für den Fall, dass Sie nicht bereits am Erwerbsleben teilnehmen und ihren Beitrag zur Wirtschaftsleistung des Landes beitragen.

Zweckgebundenheit der Rente, Rentenniveau und anderer Gelder

Bisher sieht unser Staat die Zweckgebundenheit nicht vor. Gelder werden hin und her geschoben, wie man dese gerade braucht, ohne zu wissen, wie viel Geld tatsächlich gerade da ist. Versicherungsfremde Leistungen aus der Rentenkasse müssen per Gesetz ausnahmslos sofort untersagt werden.

Das Rentensystem muss saniert werden. Das beinhaltet auch die Einzahler in die Rentenkasse. Es müssen rechtliche Grundlagen geschaffen werden, dass nur der aus der Rentenkasse Geld bekommt, der auch eingezahlt hat. Alle Beamten und Politiker, die bisher von der Beitragspflicht befreit sind, müssen künftig ohne jede Ausnahme mit einbezahlen. Die dadurch ansteigenden Einlagen und die Zweckgebundenheit der Beiträge werden dazu verwendet, das Rentenniveau auf ein durchschnittliches EU Niveau anzuheben. Der volle Pensionsanspruch unserer Politiker ab dem Alter von 56 Jahren und die beschlossene automatische Anpassung der Diäten müssen gestrichen werden.

Das momentane Niveau der Diätenzahlungen ist hoch genug, um nicht zu sagen vergleichsweise viel zu hoch. Alternativ kann darüber nachgedacht werden, Politiker dazu zu verpflichten für ihre Altersvorsorge selbst aufzukommen. Das Verhältnis von Dienstjahren zu der zu erwartenden Pension passt nicht zu den Rentenbeiträgen und dem Rentenniveau eines normalen Arbeitnehmers. Es muss hier eine akzeptable Angleichung erfolgen. Der momentane Zustand kann so nicht bleiben. Wenn alle einbezahlen, ist die Rente auch absolut sicher. Vorausgesetzt, dass die bereits erwähnten versicherungsfremden Leistungen und die Zweckgebundenheit den Erfordernissen hier angepasst werden. Eine im Jahr 2019 diskutierte Erhöhung der Abgeordnetenanzahl im Deutschen Bundestag auf über 800 Abgeordnete ist völlig unverhältnismäßig und muss verhindert werden.

Staatliche Bürgschaften bei Kredit- geschäften

Wie wir als Menschen im Land seit der sogenannten Griechenland Rettung wissen, ist dies ein nicht zu unterschätzendes Thema. Unser Staat geht hier mit dem Vermögen der Steuerzahler genauso leichtfertig um, wie er dies bei etlichen Beispielen von Schuldenerlass und Steuerverschwendung jahrzehntelang geübt und unter Beweis gestellt hat. Für die Rettung Griechenlands hat unser Land mit mehr als achtzig Milliarden Euro für dessen Rückzahlung gebürgt. Es war hier wie bei anderen Gelegenheiten ebenfalls nicht so, dass das eigene Volk diesbezüglich gefragt worden wäre.

Die Stützung von Griechenland diente auch dazu, das dortige Rentenniveau da zu belassen, wo es ist. Und zwar deutlich über dem Niveau in der Bundesrepublik. Der Bundestag beschließt einfach über unsere Köpfe hinweg. Wie bei anderen Gelegenheiten wird dabei bewusst mit einkalkuliert, dass diese verbürgten Gelder nicht wieder vollständig zurückbezahlt werden. Und prompt kam kurz nach der Bewilligung erster Gelder schon die Diskussion über teilweisen Schuldenerlass für Griechenland auf.

Der Schuldenerlass wurde zwar abgelehnt aber unter anderen Finanzministern und einem erneuten Versuch diesbezüglich sind solche Anträge vielleicht doch erfolgreich. Solche und ähnliche Geldgeschäfte wo unser Staat als Bürge auftritt, müssen per Gesetz absolut wasserdicht für immer untersagt werden. Es kann nicht sein dass immer neue Türen der Verschwendung zu Lasten der Steuerzahler aufgetan werden, die Spekulanten einen Freibrief geben. Die Haftung des Steuerzahlers muss absolut ausgeschlossen werden.

Vertragsverhalten des Staates

Wie wir in der Vergangenheit und auch aktuell im Jahr 2019 erfahren müssen, hat der Staat keinerlei Ahnung, wie man bei einer Auftragsvergabe Verträge wasserdicht macht, ohne dabei von der Wirtschaft ein ums andere Mal über den Tisch gezogen zu werden. Dabei ist es unerheblich ob es um Rüstungsaufträge oder öffentliche Bauvorhaben geht.

Wie jetzt im Jahr 2019 herausgekommen ist, dürfen Wartung und Reparatur laut bestimmten Verträgen, die der Staat für die Bundeswehr selbst geschlossen hat, nicht selbst vorgenommen werden. Das ist ein weiterer Beweis dafür dass Beamten während ihrer Dienstzeit wo Sie nicht mit eigenem Geld arbeiten oder dafür verantwortlich sind, das Denkvermögen und Verantwortungsbewusstsein scheinbar auf ein Minimum begrenzen.

Entweder ist es Ignoranz der Politik wie in vielen anderen Fällen da es nicht um das eigene Geld, sondern nur, um das der Steuerzahler geht. Oder es ist schlicht Dummheit und Inkompetenz. Letzteres ist wenn man die Vorgänge im Land genau betrachtet eher wahrscheinlich.

Dies ist einer der Punkte, den man zeitgemäß in die Rubrik vorsätzliche Steuerverschwendung einordnen muss. Und Verschwendung von Steuergeldern wie diese regelmässig in großen Bereichen vorkommt, sollten strafrechtlich geahndet werden. In diesem Fall gibt es als einzige Lösung die komplette Haftung mit dem Privatvermögen seitens der verantwortlichen Politiker. Nur so kann dieser Verschwendung Einhalt geboten werden. Dies ist auch ein Punkt, der im Gesetzbuch verankert werden müsste. Nur haben wir hier wie in etlichen Fällen bei unseren Politikern folgendes Problem. Eine Krähe hackt

nun einmal der anderen kein Auge aus.
Und hier fehlt das immer wieder
angemahnte Kontrollorgan für Politiker.
Es gibt keine übergeordnete unabhängige Stelle, die in der Lage ist, Verschwendung der Politik zu ahnden. So
etwas gibt es nicht, obwohl es dringend
notwendig wäre.

Dummheit und Inkompetenz zeigt sich
auch in ganz besonders ausdrucksvoller
Weise im Jahr 2019 im Verkehrsminis-
terium. Durch bereits abgeschlossene
Verträge seitens des Ministeriums
kommen auf den Steuerzahler Milliardenbeträge zu, welche der Staat nun
entrichten muss. Es wurden Verträge
mit Firmen gemacht die nun Regress-
ansprüche an unseren Staat stellen,
weil wieder einmal planlos und nicht
durchdacht vorgegangen wurde.

Einschränkung des Lobbyismus

Es ist uns Bürgern im Land wie auch all unseren Politikern bewusst, dass es Lobbyisten immer geben wird. Da dem so ist und Lobbyismus nicht komplett unterbunden werden kann, muss jedoch wenigstens der Wirkungskreis eingeschränkt werden. Ziel ist es hierbei den Einfluss des Kapitals auf Politik und Gesellschaft abzufedern.

Deswegen muss per Gesetz festgesetzt werden, dass Personen die als Lobbyvertreter in die Politik gehen, keine Ministerämter bekleiden dürfen. Genau dieser Sachverhalt schränkt den Aktionsradius und damit den Einfluss einzelner Lobbyisten auf die Politik dahingehend ein, dass Unternehmensinteressen nicht so strategisch und mit Nachdruck wie bisher umgesetzt werden können.

Umweltschutz im Allgemeinen

Wir beobachten nicht nur bei der Lebensmittelproduktion aber dort sehr auffallend, dass Umweltschutz sehr oft mit Füßen getreten wird. Auf der einen Seite wird seit Jahren darauf hingewiesen, dass landwirtschaftliche Produktionsmethoden überdacht werden müssen. Aber gegen das gleichzeitig stattfindende Artensterben in Flora und Fauna wird kaum etwas unternommen.

 Eine Lebensmittelproduktion, die sich von der Anwendung großer Mengen von Pestiziden abwendet, und der Ökologischen Landwirtschaft zuwendet, wäre gut für uns alle. Diese würde die noch vorhandene Artenvielfalt erhalten und damit dazu beitragen unsere gemeinsame Zukunft zu sichern. Weil ohne Bienen und andere tierische Bestäuber ist Schluss mit lustig und wir alle werden verhungern. Aber wie bei vielen anderen Dingen fühlt sich die momentane Generation von Politikern nicht zuständig. Es kollidiert ja auch hier mit unternehmerischen Interessen und damit wird auch das der Profitgier untergeordnet.

Einführung von Volksabstimmungen

Die Diskussion über dieses demokratische Mittel der Volksbeteiligung flammt immer wieder auf, wenn einzelne Politiker auf ihre Daseinsberechtigung aufmerksam machen wollen. Solche Vorschläge wurden sofort und mit Kalkül abgewunken. Die Gründe hierfür sind sehr einfach. Gerade bei Steuererhöhungen und allen gesetzlichen Veränderungen die zulasten der Wähler gehen würde dieses Instrument der Volksabstimmung die Handlungsfreiheit der Politik einschränken.

Der Wähler hätte an wichtigen Themen im Land die Möglichkeit an einer Entscheidungsfindung und Beschlussfassung aktiv teilzunehmen. Gravierende Auswirkungen hätte das bei dem so oft zitierten Selbstbedienungsladen, den die Politik in unserem Land auf unsere Kosten geschaffen hat. Dieser Laden könnte nicht mehr so einfach erweitert werden. Bei Einführung von Volksabstimmungen wäre er im Vergleich zur bisherigen Form sehr eingeschränkt. Ein gutes Beispiel sind hier die jahrzehntelang ausgeübten Sparmaßnahmen, die überwiegend zu Lasten der Steuerzahler durchgeführt wurden. Und die gleichzeitige persönliche Bereicherung unserer Politiker bei dem Griff in die Kassen zur Erhöhung der Diäten die ja zwischenzeitlich mit einer zu festen Terminen versehenen Anpassung ausgestattet ist.

Wir sollten aber nochmals darauf hinweisen, dass die Volksabstimmung das beste Mittel direkter Demokratie wäre, um langfristig positive Veränderungen herbeizuführen.

Beschränkung der Dienstzeit für Politiker

Hierbei sprechen wir nicht von der Dienstzeit im Allgemeinen. Es geht genauer gesagt unter anderem um das Amt des Bundeskanzlers. Diese Position sollte auf höchstens zwei Legislaturperioden begrenzt werden. Bei solchen Ämtern muss bei Positionen des Außenministers oder eines Fraktionsvorsitzenden ein Höchstalter bei diesen Ämtern eingeführt werden.

Die vergangenen Jahre innerhalb der deutschen Politik haben gezeigt, dass zumindest in Teilbereichen aufkommender Altersstarrsinn das Handeln bestimmter Personen beeinflusst. In wieweit sich das umsetzen lässt, lassen wir dahingestellt. Einer der Hauptgründe liegt daran, dass eben uns Menschen im Land auffällt, dass mit längerer Dienstzeit sichtbar wird, wie die Energie der Politiker abbaut. Es hat den

Anschein, dass man eben mal seine Jahre im Amt absitzt, und im Alter von 56 Jahren in den Ruhestand gehen kann, falls man bis dahin keinen Bock mehr auf Arbeit hat. Aber auch die Variante der Narzissten im Bundestag ist sehr stark vertreten.

Sie kleben an ihrem Amtssessel der reinen Aufmerksamkeit wegen. Kritikfähig wie ein kleines Kind, dem man das Spielzeug weggenommen hat, reagieren Sie, wenn ihre Wünsche und Vorstellungen nicht widerspruchslos anerkannt werden.

Rente, Hartz IV, Altersarmut, neo-liberale Politik und Leiharbeit

Hier liegt der größte Brocken an Veränderungen begraben, die in der Zukunft angegangen werden müssen. Als Allererstes muss hier die Zweckgebundenheit der Mittel eingeführt werden. Rentenbeiträge dürfen nur für diese späteren Zahlungen verwendet werden. Und da dies nicht eben schnell zu regeln sein wird, muss bald damit begonnen werden.

Ein Aufschub ist nicht akzeptabel. Das größte Problem liegt hier bei der Rente. Wie in diesem Buch schon erwähnt bedarf das Rentensystem einer kompletten Überarbeitung und Überlegungen wie von Frau Kramp-Karrenbauer aus der CDU sind hier fehl am Platz. Ihr Zitat, ...Rente muss für die Wirtschaft bezahlbar bleiben. ... ist ein Schlag ins Gesicht jedes Menschen, der sein Erwerbsleben hinter sich hat und aufgrund von solch einer Einstellung in die Armut rutscht. Es ist eindeutig so, dass versicherungsfremde Leistungen ersatzlos gestrichen werden müssen. Jeder Bürger, der Leistungen aus der Rentenkasse will, der muss auch einzahlen. Es darf keinerlei Ausnahmen diesbezüglich geben. Um das zu erreichen, bedarf es umfangreicher gesetzlicher Anpassungen.

Ein weiterer Punkt ist die ehemalige Sozialhilfe, aus der das etwas sparsamere Hartz IV entstand. Sparsamer was die Kosten des Staates betrifft, die er ausgeben muss, aber auch die Armut im Lande fördern. Menschen die in Armut leben gab es zwar schon immer. Nur hatten diese eben früher wesentlich weniger zum Leben als der Durchschnittsbürger. Es war aber nicht so wenig dass Sie deswegen obdachlos wurden oder gar nichts mehr zu essen kaufen konnten. Essenstafeln in einer Häufigkeit wie Sie heute zum Standard gehören, gab es nicht. Das alles wird ja gefördert durch die neoliberale Politik und die zeitgleich eingeführte und geförderte Leiharbeit. Dieses System der zwei Komponenten richtet sich ausschließlich nach den Bedürfnissen des Kapitals Viele billige Arbeitskräfte ohne unbefristete Arbeitsverträge um die Statistiken ins reine zu bringen. Hier ist dringender Handlungsbedarf.

Das ist zwar nicht einfach und geht sicher nicht innerhalb einer Legislaturperiode. Aber genau, solch schwierige Fälle zum Wohle unseres Landes und ihrer Bürger zu lösen, wurden unsere Politiker gewählt. Sie sind nicht dazu in ihr Amt gewählt worden, um die Menschen im Land zu unterdrücken und den Erfüllungsgehilfen der Wirtschaft zu spielen.

Pflege und Krankensystem.

Das System der Pflege und Kranken-
versicherung ist objektiv betrachtet
komplett am Ende. Jahrelang wurden
Leistungen bei den Krankenversiche-
rungen abgebaut, und das System der
privaten Zuzahlung der sogenannten
Igelleistungen eingeführt und erweitert. Das bedeutet, dass die Krankenkassen bei gesetzlich Versicherten Vor-
sorgeleistungen, und ärztliche Unter-
suchungen die ins Geld gehen, aus
ihrem Leistungskatalog streicht.

So erreicht man, dass diese Kassen zu
einem profitablen Wirtschaftsunter-
nehmen werden und auch im Gesund-
heitssystem der Profit vor der Gesundheit kommt. Die Ursache für diese Entwicklung hat der Staat mit ausgelöst
und gefördert. Schließlich haben wir
momentan auch einen ausgebildeten
Lobbyisten als Gesundheitsminister.
Dieser muss dafür sorgen, dass das

Krankensystem profitabel bleibt. Krankenkassen waren ein Zuschussbetrieb. Daher wurde auch hier der Weg in die Profitgier geebnet. Heute prahlen Krankenkassen mit ihren jährlichen Rekordüberschüssen die auf der hohen Kante liegen. Diese angehäuften Rücklagen könnte man aber dafür verwenden, die eingeführten Igelleistungen wieder abzubauen. Beim Pflegesystem sieht es ähnlich aus.

Die Anzahl der Pflegekräfte ist aus Kostengründen auf ein Minimum heruntergefahren worden. Vergleichen wir bei diesen Kräften ihre zu erbringende Leistung, die Arbeitszeit, das Gehalt, so ist dieses Personal bundesweit deutlich unterbezahlt. Auch hier kommt in erster Linie der Profit vor dem Menschen. Es ist jeglicher Respekt vor den Mitmenschen verlorengegangen. Oder sollen wir sagen, dass Respekt und Mitgefühl dem Profit geopfert wurden? Das ist doch eher zutreffend und muss eindeutig mit ja beantwortet werden. Es ist also eine dringende Überarbeitung dieses Systems notwendig.

Die Änderungen müssen weg von der Profitgier, hin zu den Bedürfnissen der kranken und pflegebedürftigen Menschen.

Überhangmandate und ein noch größerer Bundestag

Das mit den Überhangmandaten ist ein seit Jahrzehnten gängiges Mittel, um bei jeder Wahl ein paar mehr Kandidaten in das jeweilige Parlament zu bekommen. Dies ist ein Wahlinstrument bei Landtags- und Bundestagswahlen gleichermaßen.

Es führte dazu, dass sich durch regelmäßige gesetzliche Anpassungen die Anzahl der Mitglieder, des Deutschen Bundestages um einige hundert Mitglieder erhöht hat. Von ehemals deutlich unter fünfhundert Mitgliedern ist der Bundestag seitdem auf eine Anzahl von über siebenhundert angestiegen. Und ein Ende ist nicht in Sicht. Hört man die Menschen auf der Straße zu dem Thema, dann kommen immer dieselben Aussagen. Dreihundert Abgeordnete, die etwas arbeiten, und zwar im Sinne derer, von denen Sie gewählt wurden, wären allemal ausreichend. Es ist deswegen zwingend notwendig, eine Begrenzung per Gesetz durchzusetzen. Dabei darf es keinesfalls sein, dass diese Anzahl nochmals erhöht wird.

Die Anzahl der Mitglieder des Deutschen Bundestages muss verringert werden. Und Überhangmandate müssen abgeschafft werden. Es geht hier also um eine Reform des Wahlrechts und allem, was dazugehört.

Regelungen bezüglich der Europäischen Union

Wir alle kennen die Entwicklung seit der Gründung dieser Union. Die anfänglichen Vorhaben wurden sehr schnell über Bord geworfen. Das Mitspracherecht des jetzigen Europäischen Parlaments reicht über jedes zulässige Maß hinaus. Die Befugnisse schränken die Innenpolitik aller beteiligten Länder sehr stark ein.

Die dadurch ermöglichte Einmischung in die Politik der Staaten legt teilweise laufende Prozesse komplett oder zumindest teilweise lahm. Da es innerhalb der Europäischen Union festgelegte Mehrheiten gibt, die bei Änderungen beachtet werden müssen, ist dieser Prozess nicht mehr umkehrbar. Aber bei der Vergabe weiterer Rechte an Brüssel können wir mitreden. Der bürokratische Molch in Brüssel darf keinesfalls weiter wachsen. Weitere

Rechte und Befugnisse für das EU Parlament müssen unter allen Umständen unterbunden, beziehungsweise verhindert werden. Sonst kommt es irgendwann so weit, dass Brüssel seinen Mitgliedsländern vorschreibt, welche Nahrungsmittel Sie an bestimmten Tagen zu sich nehmen dürfen. Das ist zwar auch wieder nicht zum lachen, aber der Lobbyismus in der Politik einzelner Mitgliedsländer ist mit den Lobbyisten aus Brüssel gut vernetzt.

Dies ist eine grobe Einschätzung dessen, was aktuell verändert werden sollte. Was davon umsetzbar ist, um politische Veränderungen langfristig zu erreichen, kann zum momentanen Zeitpunkt nicht gesagt werden. Auch müssen wir uns im klaren sein, dass Änderungen dringend erforderlich sind, aber diese auch ihre Zeit brauchen. So wie es momentan zugeht, kann es jedenfalls nicht bleiben.

Was hier noch fehlt.

Der friedliche Protest den wir von den Gelbwesten und den Demonstrationen zum Ende der DDR kennen wäre das letzte Mittel, Veränderungen im Land mit zu beeinflussen, wenn Politik und Kapital sich querstellen, was zu erwarten ist. Wir müssen uns alle darüber im klaren sein, dass das ganze Leben aus Veränderung besteht. Genauso ist es aber auch in der Politik. Wir müssen gemeinsam nach Lösungen suchen, diese veränderte Zukunft zu gestalten.

Die Zeiten des eigenen Desinteresses und der Politikverdrossenheit müssen ein Ende haben. Aus rein subjektiver Sicht hat der Autor versucht, seinen kleinen Beitrag hierbei zu leisten, und ist der Aufstehen-Bewegung beigetreten. Zuhause auf der Couch sitzen und meckern ist nicht jedermanns Sache. Aber er hat auch gesagt, dass eine Verknüpfung dieser Bewegung mit der Partei „Die Linke" langfristig zum Scheitern führt. Dies zumindest wird auf der Bundesebene zutreffen. Nun da im März 2019 Frau Sarah Wagenknecht ihren Rückzug erklärt hat, sieht sich der Autor bestätigt. Und wenige Tage nach der Formulierung dieser letzten Aussage kam aus den Medien die Mitteilung, dass sich die linke Sammelbewegung wohl auch auflösen wird.

Dies ist zwar bis zum Herbst 2019 nicht geschehen, aber der Einfluss der Bewegung Aufstehen lässt dennoch sehr zu wünschen übrig. Es scheint, dass das Bewusstsein bei den Menschen im Land noch nicht wach genug ist, um Veränderungen durch massiven Protest mit herbeizuführen.
 Dies gilt zumindest für die Bundesebene. Alle Regionalgruppen sind mehr oder minder auf sich gestellt und müssen eigene Strukturen schaffen, was von der Bundesebene erwartet

wurde, aber dort kläglich gescheitert
ist. Der durchschnittliche Bürger in
Deutschland steht eben immer noch
auf dem Standpunkt, dass sich sowieso
nichts ändert.

Dies ist zwar schade, aber wenn in den
Köpfen der Leute das Bewusstsein
fehlt, dass sich grundlegendes hierzulande ändern muss, dann tut sich auch
nichts.

Schlusswort

Hoffen wir gemeinsam, dass dieses Buch dazu beiträgt dass wir uns nicht wie treue Schafe verhalten. Es wäre schön, wenn wir alle lernen, die Geschehnisse im Allgemeinen wieder etwas differenzierter zu betrachten. Etwas kritisch zu hinterfragen ist ja nicht schlecht. Es trägt im Gegenteil dazu bei, die Diskussionen untereinander am Leben zu erhalten und nicht alles für bare Münze zu nehmen, was uns Presse und Politik zu verkaufen versucht. Kontroversen diesbezüglich führen nur dazu, uns weiter zu entwickeln und unsere Welt ein bisschen besser zu machen.

Über den Autor

Der Autor wurde 1958 in Freiburg geboren und lebt seitdem im badischen Ländle. Er ist seit 1981 verheiratet und hat zwei erwachsene Kinder.

Neben diesem Buch schrieb er auch die Biografie:
Gewitter im Gehirn – Mein Leben mit Epilepsie.

Unter dem Pseudonym Hermann Josef sind weitere Bücher erschienen.

Books on Demand

22848 Norderstedt